Friedhelm Grund · Herbstgrün

Friedhelm Grund

Herbstgrün

Wie aus Scheitern neues Leben wachsen kann

25 Beispiele

Bibliografische Information der Deutschen Nationalbibliothek
Die Deutsche Nationalbibliothek verzeichnet diese Publikation in der Deutschen National-
bibliografie; detaillierte bibliografische Daten sind im Internet über http://www.dnb.de
abrufbar.

ISBN 978-3-8429-1626-5

Bestell-Nr. 5.121.626
© 2019 mediaKern GmbH, 46485 Wesel
Umschlagbild: Getty Images / kozyrina; Rückseite (Autorenfoto): privat
Umschlaggestaltung, Layout und Satz: Ch. Karádi
Lektorat: Dr. Ulrich Parlow
Gesamtherstellung: Drukarnia Dimograf, Bielsko-Biała, Polen
Printed in the EU 2019

www.media-kern.de

Wo ist Gott? Er ist dort, wo die Armen sind,
die Behinderten, die Kleinen, die Alten,
die Machtlosen, die Übersehenen.
Ich bin mehr und mehr davon überzeugt,
dass unsere Glaubwürdigkeit von unserer
Bereitschaft abhängt, dorthin zu gehen,
wo Gebrochenheit, Verlassenheit und Armut sind.
Wenn die Kirche eine Zukunft hat, dann ist es
eine Zukunft bei den Armen, in welcher Form
auch immer.

(Henri Nouwen)

Inhalt

Einleitung

Wieder einmal ein schöner Tag in der Klinik. Die Sonne zeigt sich von ihrer besten Seite, nicht das erste Mal in diesem Jahr. Ich gehe durch den Park, genieße die Wärme und freue mich an der leuchtenden Blumenpracht um mich herum.

Auf der Treppe sitzt ein junger Mann. Er starrt regungslos vor sich hin. Ich grüße ihn, aber er nimmt mich nicht wahr. Ich gehe die Treppe hinauf und stehe im Foyer des »Friedländer-Hauses«. Eine Frau wischt sich die Tränen von den Augen. Als sie mich sieht, schaut sie verschämt zur Seite. Mein Blick fällt auf das Bibelwort an der Wand gegenüber: *»Heile du mich, Herr, so werde ich heil; hilf du mir, so ist mir geholfen.«* (Jeremia 17,14)

Ob der Mann mit dem teilnahmslosen Blick, die Frau mit den feuchten Augen mit Gottes Hilfe rechnen? Es ist der Kontrast, der mich berührt. Eben noch die sonnenüberflutete Parkidylle, jetzt sehen meine Augen das, was sich in einer Klinik nicht übersehen lässt: das sprachlose Elend eines in die Krise geratenen Lebens. Die Sonne scheint, aber für manche, denke ich, hat die Sonne aufgehört zu scheinen. Ich frage mich: Was ist eigentlich »heil werden«? Und wann »ist mir geholfen«?

Krankheiten werden von vielen Menschen als die große Bedrohung menschlichen Lebens wahrgenommen. Sie zeigen, wie zerbrechlich unser Leben ist. Jede Überwindung von Krankheit bedeutet Aufatmen, Aufleben, Hoffnung. Ob die Patienten während ihres Klinikaufenthaltes Heilung erleben werden? Was ist, wenn sich die Hoffnung auf Heilung als voreilig erweist, wenn sich der Gesundheitszustand nach einer Phase der Besserung wieder verschlechtert? Ist das das Ende aller Hoffnungen?

Ich gehe in mein Büro und sehe die Post durch. In einer Mail lese ich: »Danke für die Gespräche und die Gottesdienste, durch die ich so viel Ermutigung erfahren habe.« Ein anderer schreibt: »Seitdem ich Patient in der Klinik Hohe Mark war, spiele ich regelmäßig Badminton. Auf der Arbeit komme ich inzwischen wieder erstaunlich gut zurecht. Ich kann wieder beten und habe Kontakt zur Gemeinde aufgenommen.« Ich schaue auf den Absender und erinnere mich: ein junger Arzt, der sich auf der Arbeit zu viel zugemutet hatte. Ist sie also doch möglich – die Heilung, von der Jeremia spricht?

Das Telefon klingelt. Ein Pastor fragt, was er tun soll. Eine junge Frau hat innerhalb kurzer Zeit ihre Mutter und ihren Mann verloren. Sie leidet unter Schlafstörungen, geht nicht mehr aus dem Haus und bekennt offen, dass der Glaube ihr keinen Halt mehr gebe. »Wir haben im Ältestenkreis für die Frau gebetet, aber es wird nicht besser«, gesteht er. Ich ermutige ihn, einen Facharzt zurate zu ziehen. Die geschilderten Symptome sind Anzeichen einer beginnenden Depression.

Ich schaue auf die Uhr. Eine Patientin hat sich zum Seelsorgegespräch angemeldet. Ich beende das Telefonat und bitte sie ins Sprechzimmer. Erschöpft sinkt sie in den Stuhl. »Ich fühle mich so schwach und kraftlos«, beginnt sie. »Nachts habe ich Albträume. Die Erinnerungen quälen mich. Ich sehne mich nach Trost, aber es gibt keinen Trost für mich. Niemand ist für mich da.« – »Auch Gott nicht?«, werfe ich vorsichtig ein. »Gott erreicht mich schon lange nicht mehr. Ich habe aufgehört, auf seine Hilfe zu warten«, antwortet sie.

Ein Bibelwort kommt mir in den Sinn: »*Wer Gott liebt, gleicht der Sonne, die aufgeht in ihrer Pracht!*« (Richter 5,31) Ich frage die Patientin: »Glauben Sie an den Sonnenaufgang?« Etwas irritiert entgegnet sie: »Sonnenaufgänge geschehen nach feststehenden Gesetzmäßigkeiten, wieso soll ich nicht daran glauben?« – »Na ja«, greife ich den Faden auf, »bevor die Sonne aufgeht, geht sie unter und dann ist es dunkel. Und wenn es dunkel ist, kann ich mich natürlich fragen: Wo ist die Sonne?« – »Schon«, antwortet die Patientin, »aber ich weiß doch, die Sonne ist da, ich sehe sie nur nicht, weil die Erde sich dreht.«

Nachdem wir uns verabschiedet haben, denke ich für mich: Manchmal sprechen Patienten Wahrheiten aus, die sie für sich selbst verloren haben. Das Leben mit Gott kennt nicht nur lichte Momente. Da kann es auch schon einmal dunkel werden. Wir sehen Gott nicht, aber das muss nicht heißen, dass er nicht da ist; es kann auch heißen, dass wir warten müssen, bis wir spüren, dass sein warmer Sonnenstrahl unser Herz erreicht.

Ein lautes Klopfen reißt mich aus meinen Gedanken. Die Tür geht auf und ein Patient legt mir eine Schachtel Zigaretten auf den Tisch. »Nehmen Sie sie, Herr Grund, ich habe mich entschieden, mit dem Rauchen aufzuhören.« – »Warum kommen Sie mit den Zigaretten zu mir?«, frage ich. »Sie haben gesagt, man darf Gott alles bringen. Gott kann ich die Schachtel nicht geben, also gebe ich sie Ihnen.« Ich muss schmunzeln.

Als Klinikseelsorger lebe ich im »Zwischenland«. Ich bewege mich zwischen Herbststürmen und Frühlingserwachen, Verzweiflung und Hoffnung, Trostlosigkeit und Zuversicht. Patienten erzählen mir ihre traurigen Geschichten, stellen Fragen, suchen Trost. Ich sitze da, höre zu, halte aus, leide mit. Manchmal greife ich aktiv ein, erzähle Geschichten, die Hoffnung machen, hinterfrage lieb gewonnene Ansichten, bete für die Menschen. Dabei passiert es immer wieder, dass dunkle Schatten weichen. Nicht immer gleich, nicht immer spektakulär, auch nicht immer so, dass sie für alle Zeiten verschwunden sind, und doch so, dass ich spüre: *»Aus der Höhe kommt das helle Morgenlicht zu uns, der verheißene Retter. Dieses Licht wird allen Menschen leuchten, die in Finsternis und Todesfurcht leben.«* (Lukas 1,78.79)

Vom Leben in diesem Zwischenland will das Buch »Herbstgrün« erzählen. Es berichtet von Begegnungen mit kranken Menschen, ihren ehrlichen Fragen, ihren nicht immer hilfreichen Grundüberzeugungen, aber auch von Neuanfängen, alternativen Wegen des Denkens und des Lebens. Der Inhalt des Buches folgt typischen »Glaubenssätzen« von Menschen, die mit den Schattenseiten des Lebens zu kämpfen haben. Diese problematischen Glaubenssätze werden in das Licht biblischer Referenztexte gestellt. Eingeengte Denkhorizonte werden geweitet, erhellende Impulse für ein menschenfreundliches Leben aufgezeigt.

1. »Mein Leben ist ein einziges Missverständnis – ich bin komplett gescheitert«

Verzweifelt bricht es aus Herrn D. heraus: »Ich fühle mich wie ein Mikadostab, achtlos in die Welt hineingeworfen. Mein Leben ist so sinnlos geworden. Ich war erfolgreich in meinem Job, jetzt werde ich nicht mehr gebraucht. Ich war glücklich in einer Beziehung, jetzt lebe ich allein. Ich war immer gut drauf. Jetzt quälen mich nicht enden wollende Grübelattacken. Mein Leben kommt mir vor wie ein einziges Missverständnis. Ich bin komplett gescheitert.«

»Vom Tellerwäscher zum Millionär«, so beginnen große Erfolgsgeschichten. Viele, die heute ganz oben sind, fingen einmal ganz unten an. Oscar-Preisträgerin Halle Berry wohnte als 21-Jährige in einer Obdachlosenunterkunft, weil ihre Mutter ihr jegliche Unterstützung verweigerte. Brad Pitt lief als Huhn verkleidet durch Fußgängerzonen, um sich sein Schauspielstudium zu verdienen. Nach einem Gastauftritt bei der Kultserie »Dallas« entdeckte ihn Hollywood. Robbie Williams arbeitete jahrelang als namenloser Komparse im Theater, bevor er sich von seiner Mutter dazu überreden ließ, an einer Castingshow teilzunehmen. Er schaffte es bis in die Endausscheidung und mit der gecasteten Boygroup »Take That« begann seine beispiellose Weltkarriere.

Das Leben vieler Menschen kennt nur eine Richtung: nach oben! Ich kann das verstehen. Wer will schon bedeutungslos sein? Mittelmäßigkeit fühlt sich nicht gut an. Erfolglos zu bleiben ist hart. Wir Menschen wollen wer sein, wollen es im Leben zu etwas bringen. Denn irgendetwas in uns sagt: »The winner takes it all.« Zweite und dritte Plätze zählen nicht viel im Leben. Gefeiert wird, wer oben ist.

Aber das Leben hat auch für die Sieger nie nur Erfolge. Das ist das Goliath-Prinzip. Der scheinbar unbesiegbare Riese Goliath wurde niedergestreckt von der Schleuder eines einfachen Hirtenjungen. Erfolgreiche Menschen können sich ihrer Sache letztlich nie sicher sein.

Sie sitzen immer auf dem Schleudersitz! »The winner takes it all« – aber nicht immer und nicht für alle Zeiten. Der Abstieg kommt für viele viel zu schnell. Wir werden vom Pech verfolgt, von Mitmenschen übers Ohr gehauen, vom Lottoglück gemieden, von der großen Liebe übersehen. Die Abgeschlagenen und Schlechtweggekommenen, die Gescheiterten und Hinterbänkler sind immer in der Mehrheit.

Es sind vor allem die vielen kleinen Abstiege, die uns zu schaffen machen. Wenn die Eltern sich trennen, wenn man als Kind auf einmal neue Geschwister bekommt, wenn die beste Freundin sich neben eine andere setzt, ich im Musikteam nicht mehr gebraucht werde. Abstiege tun immer weh. Unbewusst vergleichen wir uns mit denen, von denen wir meinen, dass sie es besser haben als wir.

Es gibt auch Abstiege ohne Wehmut. Leo Tolstoi stammte aus einer reichen Grafenfamilie. Er studierte alte Sprachen und Jura, er erlangte Weltruhm durch seine Werke »Krieg und Frieden« und »Anna Karenina«, aber das Schicksal der armen Landbevölkerung interessierte ihn mehr als weltlicher Ruhm. Er kritisierte Staat und Kirche für ihre menschenverachtende Politik. Der Staat ließ ihn überwachen, die Kirche exkommunizierte ihn, seine Familie verstand ihn nicht und erklärte ihn für verrückt, er starb krank und völlig verarmt in einem Bahnwärterhäuschen. Tolstois Leben lehrt uns, dass Leben nicht nur ganz oben lebenswert ist, sondern mit seinen vielen Brüchen und Enttäuschungen seinen Wert behält. Er selbst hat gern einen Satz von Dostojewski zitiert: »Liebe deine Geschichte, denn sie ist der Weg, den Gott mit dir gegangen ist.«

Vielleicht denken Sie: Wie kann man etwas lieben, was unansehnlich, durchschnittlich, durch und durch bruchstückhaft ist? Wir haben oft bestimmte Bilder im Kopf, wie lebenswertes Leben aussehen müsste. Wir vergessen dabei, dass Gott oft die Umwege und Abstürze wählt, um Menschen zu segnen. Mose war ein Mörder, David ein Ehebrecher, Petrus ein Lügner. Alle drei lebten ein Leben nach dem Scheitern und waren dabei außerordentlich gesegnete Menschen. Es gibt ein Leben nach dem Scheitern, ein Leben, das sich lohnt, gelebt zu werden. Scheitern ist nie nur Sackgasse.

Beobachtung Nr. 1: Scheitern ist das Tor für neue Entdeckungen

In jedem Scheitern liegt das Potenzial für einen Neuanfang. Der Philosoph Karl Jaspers sagt: »Scheitern ist eine Chance für das Sein.« Viele große Leistungen wären nie zustande gekommen, wenn Menschen nicht aus ihrem Scheitern gelernt hätten.

Wussten Sie, dass Thomas Edison 9000 verschiedene Glühfäden ausprobierte, bis er den fand, der seine Birne zum Leuchten brachte? Walt Disney ging fünfmal Pleite, bevor er Disneyland eröffnete. Er sagte einmal: »All unsere Träume können wahr werden, wenn wir den Mut haben dranzubleiben, sie weiter zu verfolgen.«

Vielleicht beneiden wir Menschen wie Edison oder Disney. Wir hätten gern ihren Erfolg. Aber ist uns eigentlich klar, wie viele Misserfolge dem Erfolg dieser Männer vorausgingen?

Erfolgreiche Menschen sind in der Regel viel häufiger gescheitert als andere. Sie mussten viele Umwege gehen, bis sie da waren, wofür man sie heute bewundert. Aber ihnen machte das nichts aus. Sie nahmen Fehlschläge in Kauf. Sie haben sich nicht unterkriegen lassen. Sie haben sich sozusagen »besser gescheitert«. Das ist eine Formulierung des irischen Schriftstellers Samuel Beckett; seiner Meinung nach enthält das Scheitern die Möglichkeit, bessere Erfahrungen zu machen.

Der Liedermacher Konstantin Wecker hat ein Buch geschrieben über die »Kunst des Scheiterns«. Er kennt sich aus mit Scheitern: Schulabbrecher, Abi nachgeholt, Studium begonnen, dann abgebrochen, erste Bühnenerfahrung als Liedermacher, schnell berühmt geworden, dann böse abgestürzt, Ehe in den Sand gesetzt, Kokainsucht, Haftstrafe, finanzieller Ruin. Aber er ist immer wieder aufgestanden. Er ist der festen Überzeugung, dass Menschen mehr an ihren Niederlagen als an ihrem Erfolg wachsen. Man denkt neu und ganz anders über sein Leben nach.

Beobachtung Nr. 2: Scheitern kann barmherzig machen

Der Volksmund weiß: Man kann einen Menschen erst verstehen, wenn man in seinen Schuhen gelaufen ist. Wer selbst nie an irgendetwas gescheitert ist, findet schwerer Zugang zu Menschen, die nicht mehr in der Erfolgsspur laufen. Scheitern macht barmherzig.

Johnny Cash lebte ein exzessives Leben. Er kämpfte sein ganzes Leben gegen die Alkoholsucht. Einer seiner Songs trägt den Titel »The Beast in Me«. Er hat sein Leben lang versucht, dieses Biest zu zähmen – nicht immer erfolgreich. Sein verzweifelter Kampf gegen die Sucht machte ihn barmherzig für Menschen in Not. Legendär sind seine Konzerte in Gefängnissen. Manche sagen, dass Johnny Cash am besten war, wenn er vor Menschen sang, die die besten Tage hinter sich hatten.

Wenn Menschen sich in ihrem Herzen berühren lassen von der Not anderer Menschen, dann hat das viel mit ihrer Biografie zu tun. Die Selbsterfahrung eines gebrochenen Lebens macht barmherzig für Menschen auf der Schattenseite des Lebens. Seien wir nicht zu streng mit dem lieben Gott, wenn sich unser Leben momentan nicht gerade erfolgreich entwickelt. Krisenzeiten sind Reifezeiten des Lebens. Vielleicht müssen wir selbst erst durch Krisen gehen, um herauszufinden, welches unser Weg im Leben sein kann. Krisenzeiten sind immer Momentaufnahmen. Für manche von uns gilt: Die beste Zeit liegt noch vor uns.

Beobachtung Nr. 3: Scheitern stärkt den Glauben

Dietrich Bonhoeffer war diese Frage so wichtig, dass er sich immer wieder dazu geäußert hat: »Gott sucht sich nicht den vollkommensten Menschen, um sich mit ihm zu verbinden, sondern er nimmt menschliches Wesen an, wie es ist.« »Die Stunde unseres Scheiterns ist die Stunde der unerhörten Nähe Gottes und gerade nicht der Ferne.« »Schwachheit ist in den Augen Christi nicht das Unvollkommene gegenüber dem Vollkommenen, sondern eher ist Stärke das Unvollkommene und Schwachheit das Vollkommene.«

Scheitern stärkt den Glauben daran, dass Gott keine Helden braucht, um seine Ziele mit uns zu erreichen. Gott hat seine eigenen Maßstäbe, mit wem er Geschichte schreiben will und mit wem nicht. Paulus hatte mehrere Handicaps und doch war er für Gott gut genug, um das Evangelium in die Welt zu tragen. Der angeschlagene Petrus, der nach einer persönlichen Ohnmachtserfahrung alles hinschmeißen wollte, begegnet dem Auferstandenen am See Tiberias. Die Begegnung veränderte sein Leben. In der Folge führte er Jesu Werk mit großer Tatkraft weiter (Johannes 21). Der lebensmüde Elia, der sich resigniert unter einen Ginsterstrauch legte, wurde von einem Boten Gottes mit neuem Lebensmut ausgerüstet (1. Könige 19).

Der Apostel Paulus selbst spricht einmal davon, dass wir in Gottes Augen einen »*Schatz in irdenen Gefäßen*« haben (2. Korinther 4,7). Gott ist nicht unterwegs mit hochwertigen Designerstücken. Gottes Gefäße sind zerbrechlich und unscheinbar, alles andere als perfekt. Gottes Kraft wirkt in und durch alle menschlichen Unzulänglichkeiten hindurch. Für uns bedeutet das: Niemand von uns ist so unwürdig oder so gewöhnlich, dass Gott nicht seinen Schatz in ihn legen könnte. »*Durch Gottes Gnade*«, sagt Paulus an einer anderen Stelle, »*bin ich, was ich bin. Und seine Gnade an mir ist nicht vergeblich gewesen.*« (1. Korinther 15,10)

2. »Ich weiß nicht, wohin mit meiner Angst«

»Immer wieder passiert mir das«, berichtet Frau Z. *»Ich steige in den Zug. Ich merke, wie mein Herz klopft. Ich atme. Ich kriege keine Luft mehr. Mir wird heiß. Ich denke: ›Halt durch!‹ Aber der Druck auf meiner Brust wird immer schlimmer. Im letzten Moment springe ich aus dem Abteil. Ich stehe wieder auf dem Bahnsteig. Ich schleppe mich bis zur Bank. Ich zittere. Ich weiß nicht, wohin mit meiner Angst.«*

Max von Eyth beschreibt in seiner Novelle »Berufstragik« die Geschichte eines begabten Ingenieurs, der eines Tages den ganz großen Auftrag erhält. Er soll eine Brücke bauen, eine Brücke, die über einen breiten Meeresarm führt. Kein leichter Auftrag. Aber er ist begabt. Er ist motiviert und wild entschlossen, das Projekt erfolgreich abzuschließen. Und tatsächlich – er schafft es. Die Brücke wird gebaut. Die Menschen sind begeistert. Man feiert das Bauwerk als großartige technische Meisterleistung. Alles könnte so schön sein, wenn da nicht diese dunklen Ahnungen wären. Immer wenn es Herbst wird, steht er heimlich an seiner Brücke und denkt: Ist die Statik auch richtig berechnet? Werden die Pfeiler dem Winddruck standhalten? Ist der Wechsel von Ebbe und Flut ausreichend bedacht?

Keiner ahnt, was in ihm, der gefeierten gesellschaftlichen Persönlichkeit, vorgeht. Keiner kennt seine geheimen Ängste. Max von Eyth schildert dann, wie dieser Mann in einer furchtbaren Sturmnacht wieder an seiner Brücke steht. Er hört, wie ein Zug über die Brücke rast. Er sieht noch die Schlusslichter, die im Herbstnebel verschwinden. Und dann – dann hört er ein furchtbares Krachen. Die Brücke bricht in sich zusammen und nimmt den Zug mit in die tosenden Fluten.

Wir alle wissen, wie vorläufig das ist, worauf wir unsere Hoffnungen setzen. Wir fangen an. Wir tun etwas. Wir planen und gestalten. Und plötzlich ist sie da – die Angst. Auf einmal fragen wir uns: »Ist die Brücke des Lebens stabil gebaut? Bin ich wirklich das, wofür andere mich halten? Werde ich dem Druck standhalten? Was ist, wenn zusammenfällt, was ich mir mühsam aufgebaut habe? Was ist, wenn ich vor den Trümmern einer gescheiterten Lebensplanung stehe?«

Als Seelsorger einer psychiatrischen Klinik habe ich täglich mit Menschen zu tun, die von Ängsten gequält werden. Sie sind wie erstarrt. Sie sitzen in der Falle – umzingelt von tausend Befürchtungen. Da sind die Ängste einer unbewältigten Vergangenheit, das beklemmende Gefühl, dass eines Tages doch herauskommt, dass ich meinen besten Freund hintergangen habe; dass ich das Unglück hätte verhindern können; dass mein Einkommen nicht ganz korrekt versteuert ist. Die Vergangenheit tut uns nicht immer den Gefallen und schaut weg. »Die Vergangenheit«, sagt der amerikanische Schriftsteller William Faulkner, »ist niemals tot, sie ist noch nicht einmal vergangen, sie wirkt permanent in unsere Gegenwart hinein.«

Nicht nur Ängste einer unbewältigten Vergangenheit, sondern auch die Angst vor Menschen und ihren Reaktionen machen uns zu schaffen. Wenn ein Eichhörnchen am Abend im Wald ein Eichhörnchen trifft, dann ist das eine nette Begegnung. Wenn ein Mensch nachts im Wald einen Menschen trifft, sieht das schon anders aus. »Homo homini lupus est«, sagt das lateinische Sprichwort: »Der Mensch ist des Menschen Wolf.« Menschen haben Angst vor Menschen. Menschen fürchten sich vor menschlicher Skrupellosigkeit. Es ist gar nicht so einfach, seinem Leben Bedeutung zu geben. Es ist wie bei Hase und Igel. Andere sind schneller, andere sind schon vor uns da, sie räumen nicht für uns den Platz. Wir müssen uns weiter hinten einreihen. Für viele – kein gutes Gefühl! Menschen fürchten sich vor der Meinung anderer Menschen. Sie liegen abends im Bett, lassen den Tag noch einmal vorüberziehen. Was ihnen in den Sinn kommt, wühlt sie auf. Sie kneifen sich in den Arm und denken: »Wie konntest du nur …? Warum hast du nur …? Was denken die jetzt von dir?« Menschen fürchten sich vor den unansehnlichen Seiten ihrer eigenen Existenz. Wir sind bemüht, die Erwartungen anderer zu erfüllen. Aber was ist, wenn Menschen entdecken, dass wir noch ganz anders sind?

Und noch etwas macht uns zu schaffen. Die Zahl der Menschen

mit Zukunftsängsten hat sich in den vergangenen Jahren vermehrt. Was wird morgen sein mit meinem Arbeitsplatz? Werde ich meine Arbeit behalten? Werde ich mich zurechtfinden in einer sich immer schneller verändernden Welt? Was wird morgen sein mit meinen Beziehungen? Wird alles noch mal gut? Oder werde ich allein alt werden müssen? Was wird morgen sein mit meiner Gesundheit? Was ist, wenn ich vielleicht doch nicht mehr auf die Beine komme? Wenn Gesundheit nicht mehr bezahlbar sein wird? Ängste lähmen, Ängste engen unsere Lebensspielräume ein. Wir sind manchmal wie erstarrt. Wir fürchten uns vor unseren eigenen Befürchtungen.

Ein unentrinnbares Schicksal? Im Buch des Propheten Jesaja spricht Gott eine Zusage aus, die Mut machen will, neu zu denken: »*Fürchte dich nicht, denn ich habe dich erlöst; ich habe dich bei deinem Namen gerufen; du bist mein!*« (Jesaja 43,1)

Und Gott gibt uns Orientierungshilfen zum Leben mit der Angst:

Orientierungshilfe Nr. 1: Wir dürfen uns unsere Ängste eingestehen

Wenn ich mit 180 Sachen auf der Autobahn unterwegs bin und die Bremsen versagen, sage ich nicht: »Wie toll, gleich bin ich im Himmel!«, sondern dann habe ich erst einmal Angst – richtig Angst. Wenn mir im zoologischen Garten auf dem Gehweg eine Raubkatze begegnet, dann sage ich nicht: »Wohin des Weges, mein teurer Freund?« Ich sehe zu, dass ich Land gewinne.

Es gibt Patienten, die kommen in die Klinik mit der Hoffnung: »Hier werde ich ein neuer, ganz anderer Mensch. Alles, wovor ich bisher Angst hatte, wird von mir abfallen.« Gott erspart uns manches, aber längst nicht alles. Auch Menschen, die mit Gott leben, kennen Ängste. David gesteht in einem Psalm: »*Mein Herz krampft sich zusammen, Todesangst überfällt mich. Furcht und Zittern haben mich erfasst und vor Schreck bin ich wie gelähmt.*« (Psalm 55,5.6) Angst ist Teil unserer Lebenswirklichkeit. Das ist jetzt nichts zum Fürchten! Denn das Eingeständnis eigener Ängste geht jeder Angstbewältigung voraus. Wenn wir es wagen, über unsere Ängste zu sprechen, dann verlieren sie ihre Macht. Ängste reden mit uns. Und es ist zu unserem eigenen Vorteil, wenn wir genau hinhören.

Was können uns Ängste sagen? Es ist durchaus sinnvoll, Angst beim Fensterputzen im achten Stock zu empfinden – Fenster in dieser Höhe zu putzen ist nicht ungefährlich. Angst mahnt zur Vorsicht! Es ist auch sinnvoll, Angst vor Prüfungen zu haben. Angst weckt Leistungsbereitschaft, wir strengen uns an, bereiten uns vor. Und es ist sinnvoll, nicht ohne gültigen Fahrausweis Bus zu fahren. Die Angst vor dem Erwischtwerden schützt vor Fehlverhalten. Angstgefühle sind verstärkte Stressreaktionen. Sie sind nicht schädlich für die Gesundheit. Sie machen vielmehr Sinn. Angst funktioniert wie eine Alarmanlage. Sie warnt vor einer drohenden Gefahr.

Wenn allerdings eine Alarmanlage nicht mehr ausgeht, stimmt etwas nicht. Nicht gesund sind Ängste, die sich ohne konkrete Bedrohung einstellen. Ich habe keine Erklärung, warum ich jetzt plötzlich Angst habe. Aber auf einmal ist da so ein Gefühl: »Heute geht alles schief, die Katastrophe kommt bestimmt.« Die Angst wird von neutralen Beobachtern als völlig unwirklich erlebt, für Betroffene ist sie aber ganz real. Nicht gesund sind Ängste, die der Situation nicht angemessen sind. Da hängt eine Spinne an der Decke und ich weigere mich, den Raum zu betreten.

Ich muss an einen Mann denken, der jeden Tag auf dem Weg zur Arbeit Richtung Flensburg unterwegs war. Die A 7 führt über den Nord-Ostsee-Kanal. Der Mann hatte panische Angst vor Brücken, also fuhr er von der Autobahn ab, überquerte den Kanal mit der Autofähre, um auf der anderen Seite wieder auf die Autobahn zu fahren.

Nicht gesund sind Ängste, die den Auslöser der Angst überdauern. Da habe ich Angst vor einer Prüfung, die Prüfung ist vorbei, ich habe sie bestanden, aber auf einmal ist da die Angst, alles könnte sich als Irrtum herausstellen. Am Ende haben die sich vertan. Am Ende bin ich doch durchgefallen. Oder ich wäre beinahe auf der Straße von einem Auto erwischt worden und weigere mich von nun an, allein aus dem Haus zu gehen. Ängste, die sich ohne konkrete Bedrohung einstellen, die der Situation nicht angemessen sind, die den Auslöser überdauern, sind immer ein Krankheitszeichen.

In einer Einrichtung wie der Klinik Hohe Mark werden solche Angststörungen behandelt. Psychiater teilen sie in verschiedene Störungsbilder ein:

Störungsbild: Phobie

Wer unter einer Phobie leidet, hat eine dauerhafte unangemessene Furcht vor bestimmten Objekten oder Situationen, die – nüchtern betrachtet – keine tatsächliche Gefahr darstellen. Entscheidend für das Angsterleben ist nicht die reale Bedrohung, entscheidend ist, was sich beim Angsterleben im Kopf abspielt.

Ich erinnere mich an einen Patienten, der unter Agoraphobie litt. Er weigerte sich, allein seine Wohnung zu verlassen. Er hatte Angst, auf dem Marktplatz in Ohnmacht zu fallen, in einer Warteschlange durchzudrehen oder auf einem Open-Air-Konzert einen nicht mehr endenden Hustenanfall zu bekommen.

Ich habe einmal in einem kleinen Gottesdienstsaal gepredigt. Mir fiel auf, dass nach kurzer Zeit immer dieselbe Frau aufstand und den Raum verließ. Mein erster Gedanke war: »O Gott, ist deine Predigt so schlecht, dass die Leute es nicht mehr bis zum Ende aushalten?« Aber Gott sei Dank hatte ich noch einen zweiten Gedanken. Ich fragte die Frau, warum sie mitten in der Predigt immer wieder aufstehe. Sie gestand mir, dass sie unter Klaustrophobie leide, der Angst vor beengten Räumen. Irgendwie war ich danach ein bisschen erleichtert: Es sind nicht immer die Predigten, die Menschen aus der Kirche treiben …

Störungsbild: Allgemeines Angstsyndrom

Ein weiteres Störungsbild, das in Kliniken wie der Hohe Mark behandelt wird, ist das, was Therapeuten »allgemeines Angstsyndrom« oder »generalisierte Angststörung« nennen. Menschen, die unter diesem Störungsbild leiden, sorgen sich krankhaft um alles und jedes. Und das mehrere Stunden am Tag. Die Angst richtet sich weniger auf konkrete Situationen und Objekte, sondern ist eher eine anhaltende Grundbefindlichkeit. Man lebt in ständiger Anspannung: »Ich könnte den Bus verpassen. Das Kind könnte verunglücken. Die beste Freundin könnte mich hintergehen. Der Benzintank könnte plötzlich explodieren.« Typische Symptome sind: verstärkte Selbstbeobachtung, chronisches Grübeln, innere Ruhelosigkeit.

Störungsbild: Zwänge

Auch Zwangsstörungen gehören zu den Angsterkrankungen. Unter einer Zwangsstörung versteht man die dauerhafte Besessenheit von einem Gedanken, einer Idee, die man eigentlich gar nicht denken will, einem Gefühl, das man so nicht fühlen will. Menschen fühlen sich den Zwangsimpulsen ohnmächtig ausgeliefert. Das gesamte Denken bewegt sich in negativen Spurrillen. Betroffene aus christlichen Milieus denken zum Beispiel: »Wenn ich nicht täglich den Namen Jesu anrufe, bin ich verflucht, wird Gott mich fallen lassen.« Zwangskranke wiederholen stereotype Handlungen nach festgelegten Ritualen. Sie duschen mehrmals am Tag. Sie saugen immer wieder denselben Teppich. Bestimmte Dinge werden immer wieder gezählt, geprüft, geordnet.

Störungsbild: Panikattacke

Panikattacken sind plötzliche, meist unvorhersehbar auftretende Zustände starker Angst. Eine Panikattacke tritt meistens in Verbindung mit Stresssituationen oder aktuellen Konflikten auf. So haben manche Menschen Schwierigkeiten, sich in zwischenmenschlichen Beziehungen abzugrenzen, die Angst vor Vereinnahmung wird körperlich ausgetragen. Die Anfälle werden begleitet von Herzrasen, Schwindel und Atemnot. Betroffene werden ohne Vorwarnung davon überwältigt. In der U-Bahn, im Auto, im Gemeindesaal. So schnell, wie sie gekommen sind, verschwinden die Attacken auch wieder.

Störungsbild: Soziale Phobie

Die Betroffenen leiden unter extremem Lampenfieber. Selbstzweifel und Schüchternheit sind krankhaft gesteigert. Der Körper führt aus, was der Kopf denkt: »Wie siehst du denn aus? Das schaffst du nie! Halt bloß die Klappe, sonst merken die noch, wie dünn das Eis ist, auf dem du stehst!« Menschen entziehen sich Menschen, meiden Situationen, weil sie Angst haben, sich zu blamieren oder sich einer Bewertung durch andere auszusetzen.

Für alle diese Störungsbilder gibt es therapeutische Hilfen, die die Leiden lindern helfen. Darüber hinaus können Menschen erfahren: Wir sind dem, was uns ängstigen will, nicht schutzlos ausgeliefert.

Orientierungshilfe Nr. 2: Wir sind in unserer Angst nicht allein

Gott begegnet dem ängstlichen Menschen und ruft ihm zu: »*Fürchte dich nicht!*« (Jesaja 43,1) Gott spricht hier zu Menschen, die sich von ihm vergessen glaubten. Seit zwei Generationen lebten sie in einem fremden Land. Unmut machte sich breit. Die Menschen dachten: »Gott kümmert sich nicht mehr um uns.« In ihrem Kummer hatten sie übersehen, dass Gottes Schöpfungsplan von Anfang an etwas anderes im Sinn hatte. Die Bibel sagt: Als Gott den Menschen schuf, stellte er ihn in einen weiten Raum. Unser deutsches Wort »Angst« hängt mit »eng« zusammen und ist verwandt mit dem lateinischen »angustiae«, was »Enge, Bedrängnis, Schwierigkeit« bedeutet. Im Paradies gab es keine Enge, keine Angst. Der Mensch hatte so etwas wie unerschütterliches Urvertrauen. Vor Gott gab es keine Geheimnisse. Deshalb liefen die ersten beiden Menschen übrigens auch nackt herum.

Ich will das an einer einfachen geometrischen Figur verdeutlichen. Eine Ellipse hat zwei Brennpunkte. Der eine Brennpunkt ist Gott, der andere der Mensch. Gott hat den Menschen als Gegenüber, mit dem er eine vertrauensvolle Beziehung leben kann, geschaffen. Das war sein Plan. Aber dann passierte eine Verwandlung. Aus der Ellipse wurde ein Kreis. Der Mensch wollte auf einmal selber sein wie Gott.

Eine Entscheidung mit Folgen. Auf sich allein gestellt, weiß er auf einmal nicht mehr, wo er hingehört, wo sein Zuhause ist. Auf einmal kennt er keine tragfähige Beziehung mehr, eine Beziehung, die ihn hält, wenn er in sich den Halt nicht mehr findet. Und so sieht er sich umzingelt von tausend Befürchtungen. Er fürchtet, in seiner Blöße entdeckt zu werden – siehe Adam und Eva im Paradies. Er fürchtet, zu kurz zu kommen, wenn er nicht hat, was andere haben – siehe Kain und Abel. Er fürchtet, ins Bodenlose zu stürzen, wenn er sich nicht absichern kann vor dem, was auf ihn zukommt – siehe König Sauls Niedergang.

Angst beschreibt letztlich die Grundbefindlichkeit des Menschen, ohne verlässliche Beziehungen leben zu müssen. Der Mensch, der Gott verloren hat, sucht pausenlos nach Haltepunkten im Leben. Er sucht sie in Menschen, in dem, was er leistet, was er für sich und andere tut. Leider nicht immer mit Erfolg! Er sammelt sein Leben in einen *»löchrigen Beutel«* (Haggai 1,6).

Ich erinnere mich an eine Nachtwanderung während einer Jungscharfreizeit, die ich zu leiten hatte. Auf einmal verloren wir im Wald die Orientierung. Mir wurde ganz anders. Immer wieder steckten wir im Mitarbeiterteam die Köpfe zusammen und überlegten, was zu tun sei. Ich dachte nur: »Hoffentlich bricht jetzt keine Panik unter den Kindern aus.« Aber zu meiner großen Verblüffung sagte auf einmal ein Kind zu mir: »Mann, ist das 'ne coole Nachtwanderung. Du meinst wohl, wir haben die Hosen voll, nur weil du an jeder Abzweigung überlegst, wie es weitergeht. Aber wir haben keine Angst. Wir wissen, ihr habt das voll im Griff. Ihr bringt uns wieder raus.«

Das Kind von damals ist mir nicht aus dem Kopf gegangen. Was machte dieses Kind so zuversichtlich, dass wir alles im Griff hätten? Ich denke, es war die Beziehungserfahrung. Dieses Kind hatte die Erfahrung gemacht: »Da sind welche, die kümmern sich um uns.« Das Vertrauen in eine Beziehung, auf die Verlass ist, nahm dem Kind die Angst vor der Angst.

Die Angstforschung hat herausgefunden, dass das Fehlen einer verlässlichen, tragfähigen Bindung im Leben eine der Ursachen für die Entstehung von krank machenden Ängsten ist. Die Grundlagen für diese Ängste werden schon früh gelegt.

Frühkindliche Trennungserlebnisse werden nicht immer gut verarbeitet. Babys reagieren verstört und schreien laut, wenn man ihnen die Wickelunterlage wegzieht. Wer früh Eltern durch Trennung oder Tod verliert, ist wie einer, dem man die Wickelunterlage weggezogen hat. Es fehlt der Halt, das Gefühl der Geborgenheit, die Selbstsicherheit. Die Trennung von der Bindungsperson wird von kleinen Kindern als Liebesverlust erlebt. Der Liebesverlust führt zum Vertrauensverlust, der in die Selbstverunsicherung führt.

Auch symbiotische Eltern-Kind-Beziehungen können die Entwicklung zu einer ängstlichen Persönlichkeit begünstigen. Ich erinnere mich an einen jungen Mann, der mir stolz seinen Sportwagen zeigte. »Wahrscheinlich wird meine Freundin mich verlassen«, wurde er auf einmal nachdenklich. »Sie studiert in einer anderen Stadt und ist es leid, ständig mit dem Auto zu mir zu kommen.« – »Warum fahren Sie sie nicht besuchen?« – »Geht nicht. Wenn ich allein im Auto sitze, habe ich mit Panikattacken zu kämpfen. Manchmal fährt mich meine Mutter und das findet meine Freundin unmöglich!«

Eine überfürsorgliche Umklammerung ist für Heranwachsende bequem, aber wenig förderlich für die Reifeentwicklung. Menschen wird es zu leicht gemacht, sich hinter den Herausforderungen des Lebens zu verstecken. Manche nutzen ihre Hilflosigkeit, um anderen Verantwortung zu überlassen. Das funktioniert besonders gut bei Menschen, die gern Verantwortung übernehmen, die schwer loslassen können.

Auch einengende Beziehungsräume können Menschen in ihrer Reifeentwicklung beschädigen. Überstrenge, rigide Erziehungsmethoden nehmen Kindern Selbstachtung und Selbstvertrauen. Es gibt Menschen, die haben als Erwachsene große Schwierigkeiten, gut mit sich selbst umzugehen. Sie können nicht Nein sagen, sie können sich nicht gut von den Ansprüchen anderer Menschen abgrenzen und sie neigen mehr als andere zu übertriebenen Ritualisierungen des Alltags. In der Regel wird dieses Verhalten in einem Milieu erlernt, das bedingungslose Unterordnung unter eine Autorität einfordert.

Trennungserlebnisse, starke Verwöhnung und rigorose Erziehungsmethoden begünstigen eine gestörte Reifeentwicklung. Nicht jeder,

der diese Milieus durchlebt hat, wird an einer Angststörung erkranken, aber sie erhöhen das Risiko einer Erkrankung.

Gott sagt: *»Fürchte dich nicht, denn ich habe dich erlöst.«* Das bedeutet: »Ich habe dich herausgelöst aus dem Gefängnis deines ichverkrümmten Lebens. Ich habe dich frei gemacht von all den Ansprüchen, die du an dich selbst und die die Menschen an dich stellen. Du musst dich nicht mehr von anderen einschüchtern lassen, du darfst frei sein, frei sein, Verantwortung für dein eigenes Leben zu übernehmen. Und dabei will ich dir ein Freund und Helfer sein. Du bist nicht allein.« Und weiter: *»Ich habe dich bei deinem Namen gerufen.«* Das heißt: »Ich bin persönlich an dir interessiert. Ich nehme dich in deiner Einmaligkeit ernst. Du wirst nicht übersehen mit dem, was dir Not macht.« Und zuletzt: *»Du bist mein!«* Das beinhaltet: »Deine Ängste sind auch meine Ängste. Ich bringe deine unbewältigte Vergangenheit in Ordnung. Ich kümmere mich um deine Berührungsängste. Du musst keine Angst mehr vor anderen Menschen haben. Ich beschütze dich. Du musst auch die Zukunft nicht fürchten. Ich bin deine Zukunft.«

Wir können zu unserer Angst stehen, weil wir in unserer Angst nicht allein sind. Gott ist da, wo unsere Angst ist. Mit der Beziehung zu Gott kommt etwas Verlässliches, Tragfähiges in unser Leben, etwas, was uns hält, wenn wir uns selbst nicht halten können. Unser Leben muss nicht mehr um uns selber kreisen, sondern darf sich um die Brennpunkte einer intakten Gottesbeziehung drehen.

Orientierungshilfe Nr. 3: Wir erfahren Hilfe in der Angst, nicht Befreiung von der Angst

Nicht in der Angst allein zu sein heißt indessen nicht, keine Angst mehr zu haben. Viele unserer Patienten glauben, mit Gottes Hilfe alle Ängste überwinden zu können. Sie träumen von einem angstfreien Ort. Auch David betet: *»Ach, hätte ich doch Flügel wie eine Taube, dann würde ich an einen sicheren Ort fliegen!«* (Psalm 55,7) Aber es gibt diesen Ort hier nicht. Die Welt, in der wir leben, ist keine heile

Welt. Solange wir in dieser Welt leben, wird die Angst Teil unserer Lebenswirklichkeit bleiben.

Gott macht etwas anderes mit uns. Er nimmt die Angst nicht einfach von uns weg. Seine Art ist es, uns für ein Leben mit der Angst stark zu machen. Der Glaube befreit nicht von der Angst, sondern die Angst, die ich mit Gott teile, befreit zum Glauben. Martin Luther sagt: »Gott nimmt nicht das Übel von der Person, sondern die Person vom Übel.« Wir lernen, keine Angst mehr vor der Angst zu haben. Wir lernen, das Unerlöste, das Bruchstückhafte in dieser Welt anzunehmen.

In der therapeutischen Begleitung werden Menschen für ein Leben mit der Angst stark gemacht. Das kann auf unterschiedliche Weise geschehen. Menschen erlernen ein neues Verhalten. In der Verhaltenstherapie wird der Angstpatient mit der Situation konfrontiert, die bei ihm am stärksten Angst auslöst. Leitgedanke dabei ist: Jede Art der Vermeidung verstärkt die Angst. Wer sich permanent weigert, in den Keller zu gehen, weil sich dort gerade eine Spinne abseilen könnte, wird seine Angst nicht los. Er muss lernen, sich der Angst zu stellen, denn sich der Angst zu stellen bringt Lernerfolg. Menschen lernen, dass die befürchtete Katastrophe nicht eintritt. Ein russisches Sprichwort sagt: »Schau der Angst in die Augen und sie wird dir zuzwinkern.« Andere Verhaltenstherapeuten arbeiten mit systematischer Desensibilisierung, die Konfrontation mit der furchterregenden Situation wird also erst allmählich gesteigert. Wieder andere Therapeuten empfehlen Entspannungsübungen.

Aber nicht nur das Verhalten ist wichtig. Wir dürfen auch neu denken lernen. Angst entsteht nicht einfach nur durch Angst auslösende Ereignisse. Die Art und Weise, wie wir Tatsachen deuten, beeinflusst unsere Gefühlswelt. Wir können lernen, unsere negativen Gedanken zu »entkatastrophisieren«, indem wir Katastrophenszenarien auf ihren Realitätsgehalt überprüfen.

Ich erinnere mich an eine sprachbegabte Abiturientin, die sich weigerte, die Weihnachtslesung im Gottesdienst zu übernehmen. Sie argumentierte, sie würde sterben, wenn sie vor so vielen Menschen stehen müsste. Die Statistik über Todesfälle bei Weihnachtslesungen spricht eine andere Sprache. Wir müssen Menschen ermutigen, an ihre Stärken zu glauben und ihre Vermeidungsstrategien zu überwinden.

Dabei hilft auch das Einüben in ein neues Gottvertrauen. Jesus sagt: *»In der Welt habt ihr Angst«;* und er fährt fort: *».... aber seid getrost, ich habe die Welt überwunden.«* (Johannes 16,33) Ich darf mich mit meiner Angst an den wenden, der mit dem Leben und seinen Bedrohungen fertigwird. Jesus hat die Angst vor dem, was uns das Leben zumuten kann, bis zum bitteren Ende durchlebt. Nicht auf was, sondern auf wen wir sehen, entscheidet, wie wir mit der Angst fertigwerden. Der Schlüssel liegt im Loslassen der eigenen Angst, im Sich-ganz-Gott-Überlassen. Ich darf mich dem anvertrauen, der alles unter Kontrolle hat, der sagt: *»Mir ist gegeben alle Gewalt im Himmel und auf Erden.«* (Matthäus 28,18) Die Angst bleibt, aber wer an den glaubt, der die Welt überwunden hat, ist ihr nicht mehr schutzlos ausgeliefert.

Ich muss an ein Naturschauspiel denken. Es gibt Wirbelstürme, die alles niedermachen, was sich ihnen in den Weg stellt. Der Einzugsbereich eines Hurrikans beträgt etwa 200 Kilometer, aber im Zentrum befindet sich ein stiller Raum mit einem Durchmesser von in der Regel unter 50 Kilometern. Hier, im »Auge des Sturms«, ist es absolut still und ruhig.

Mir ist das zum Bild für ein Leben mit Gott geworden. Gott hat in all den Verwirbelungen des Lebens ein Auge für und auf mich. Ihm entgeht nichts. Ihm darf ich mich überlassen. Auch wenn um mich herum »der Bär tobt«, gibt es einen Raum der Stille, wo ich ruhig und geborgen sein darf – weil Gott zu mir spricht: *»Fürchte dich nicht, denn ich habe dich erlöst; ich habe dich bei deinem Namen gerufen; du bist mein!«*

3. »Ich komme nicht mehr aus meinem dunklen Loch«

Herr L. berichtet von seinen unerklärlichen Stimmungsschwankungen.
»Ich habe Tage, da sprühe ich nur so vor Tatendrang und Energie. Ich
schreibe für Zeitschriften, organisiere Tagungen. Ich liebe das Gespräch
mit Freunden, gute Musik, das Fotografieren. Und dann gibt es Tage,
da fühle ich mich leer und unbrauchbar. Ich ziehe mich zurück, grübele
bis tief in die Nacht. Morgens komme ich nicht aus dem Bett, die Arbeit
bleibt liegen, wichtige Termine vergesse ich. Manchmal denke ich, ich
komme nicht mehr aus meinem dunklen Loch!«

Ein ärgerliches Phänomen! Es gibt ein Leben hinter dem Leben, ein
Leben, das so anders ist als das Leben, das man öffentlich sieht: Nach
außen funktioniert man. Man arbeitet, vielleicht sogar sehr erfolgreich, man redet, man lacht, man gibt sich von seiner besten Seite.
Aber im tiefsten Innern ist alles wie abgestorben: keine Freude mehr,
keine Hoffnung – nur abgrundtiefe Leere.

So ging es schon Elia, dem großen Propheten. Elia war Gottes Antwort auf die politischen Zustände in Israel – hundert Jahre nach Davids Tod. Israels König Ahab hatte die phönizische Prinzessin Isebel
geheiratet. Die neue Königin sorgte gleich für einen religionspoliti-
schen Skandal. Neue Götter sollten den Platz Jahwes einnehmen. Elia
brachte sein Unbehagen über diese Entwicklung vor König Ahab zum
Ausdruck. Doch der Königshof ließ Elia im Regen stehen und dann
blieb er auf einmal aus – der Regen. Drei Jahre Trockenzeit folgten.
Drei Jahre ohne Regen – und auf einmal war selbst der Königshof
beeindruckt. Allen war klar: Regen musste her.

Auf dem Berg Karmel kommt es zum großen Showdown. Auf der
einen Seite 850 vom König bestellte Baals- und Aschera-Anhänger. Auf
der anderen Seite Elia – allein mit seinem Gott. Die Widersacher Elias
geben alles. Feuer soll vom Himmel fallen, aber es tut sich nichts. Elia
bleibt ruhig. Er betet, er wartet, er hofft – und auf einmal öffnet sich

der Himmel. Feuer fällt vom Himmel und verzehrt den Opferaltar der Widersacher. Aber das ist nur die Ouvertüre zu einer noch eindrucksvolleren Demonstration göttlicher Macht. Elia kündigt den lang ersehnten Regen an und es dauert nicht lange, da ergießt sich das Wasser in Sturzbächen über das ausgetrocknete Land (1. Könige 18).

Was für eine Sternstunde im Leben des Elia! Elia bietet den Großen dieser Welt die Stirn, er hält Gott in schwieriger Zeit die Treue.

Aber Elias Leben kennt nicht nur Sternstunden. Nach der Schlappe auf dem Berg Karmel sagen die, die den Mund zu voll genommen haben, nicht: »Okay, Elia, du und dein Gott, ihr habt gewonnen. Lass uns Frieden machen«, ganz im Gegenteil, sie sagen: »Elia, eins zu null für dich, aber das Spiel ist noch nicht zu Ende, wart nur, dich kriegen wir auch noch.«

Elia ist auf die Gegenattacke schlecht vorbereitet. Er denkt auf einmal nur noch: »Bloß weg hier, die sind hinter mir her, die wollen mich fertigmachen.« Am Ende eines langen Tages legt er sich unter einen Ginsterstrauch und will nicht mehr leben. Was ihn in vergleichbaren Situationen unbeeindruckt ließ, beginnt ihm nun Angst zu machen. Wo er früher gedacht hat: »Was können die mir schon? Ich schaff das. Mein Gott bringt mich durch«, da denkt er nun: »Das darf doch nicht wahr sein. Wieso jetzt das? Wieso jetzt mir? Wieso immer auf die Frommen?« Eben noch oben auf und jetzt ganz unten.

Was passiert hier eigentlich mit Elia? Wie ist dieser Stimmungsumschwung zu erklären?

Depressive Verstimmungen beginnen häufig mit einem Auslöser, einem belastenden Ereignis. Elia fühlt sich von Menschen bedroht. Belastungssituationen werden von uns Menschen unterschiedlich verarbeitet. Je stabiler das Selbstsystem, desto besser können wir mit Belastungssituationen umgehen. Aber unser Selbstsystem ist verwundbar. Innere Stabilität wird geschwächt durch unverarbeitete Konflikte, die wir mit uns herumtragen. Aus dem Zusammenspiel von äußerer Belastung und inneren Konflikten ergibt sich eine gefährliche Gemengelage. Elias Absturz in die Depression wird durch drei Konfliktfaktoren begünstigt:

Beobachtung Nr. 1: Die körperliche Erschöpfung

Die Auseinandersetzungen am Berg Karmel haben Kraft gekostet, viel Kraft. Elia hat alles gegeben. Und nun ist er mit seiner Kraft am Ende. Wer erschöpft ist, ist anfälliger für negative Kritik und menschliche Drohgebärden. Wir wissen zum Beispiel, dass Menschen, die ihre pflegebedürftigen Angehörigen über einen längeren Zeitraum gepflegt haben, nach deren Tod nicht selten in ein tiefes seelisches Loch fallen.

Beobachtung Nr. 2: Die Schuldgefühle

Der biblische Bericht überrascht uns mit einer irritierenden Randbemerkung. Elia belässt es nicht bei der von Gott beabsichtigten Demütigung der Baalspropheten. Nach seinem triumphalen Erfolg lässt er sie alle umbringen (1. Könige 18,40). Seinem Handeln geht keine unmittelbare Anweisung Gottes voraus. Ist Elia im Eifer des Gefechtes zu weit gegangen? Isebel jedenfalls leitet ihre Wut auf ihn ausdrücklich aus diesem Massaker ab (1. Könige 19,1.2). Gut möglich, dass ihre Reaktion Elias Gewissen wachgerüttelt hat: »Musste ich wirklich so weit gehen? Was ist, wenn Gott mir das nicht durchgehen lässt?« Schuldgefühle schwächen die Selbstachtung eines Menschen.

Beobachtung Nr. 3: Der hohe Selbstanspruch

Ich kann mir vorstellen, dass Elia nach der Sternstunde auf dem Karmel gedacht hat: »Gut gemacht, lieber Gott. Wir haben's denen mal so richtig gezeigt. Jetzt haben wir beide ein bisschen Ruhe vor diesen Gottlosen.« Nur – Isebel denkt nicht im Traum daran, Ruhe zu geben.

Zu hohe Erwartungen: Elia steht mit dieser Haltung nicht allein. Viele von uns begreifen Leben als Wachstum, als ein ständiges Aufwärts und Vorwärts. Wir haben Träume, Sehnsüchte, Ideale, und das ist gut so. Denn es hilft uns, Leben aktiv zu gestalten. Jedoch nicht alles, was wir uns so im Leben erträumen, geht auf. Wir stoßen auch an Grenzen.

Nicht jedem gelingt es, die hohen Ansprüche anzupassen an die Wirklichkeit des Lebens. Bei einigen geht es nach dem Motto: »Wenn ich nicht alles haben kann, will ich lieber nichts als nur etwas.«

Aaron Beck, einer der führenden Depressionsforscher, spricht in diesem Zusammenhang von der »kognitiven Triade«. Im Denken kommt es zu übergreifenden negativen Verknüpfungen: Ich leide an einer für mich unbefriedigenden Situation und auf einmal beginne ich, mich selbst, meine Umgebung und die Zukunft nur noch negativ zu sehen. Bei Elia sind diese kognitiven Wahrnehmungsverzerrungen deutlich erkennbar. Er denkt: »Diese Isebel ist ein harter Brocken. Die gibt einfach keine Ruhe. Lieber Gott, komm, wir ziehen uns zurück. Diese Welt ist zu schlecht für dich und deine Leute.« Elia sieht seine Umwelt nur noch negativ (1. Könige 19,3). Und nicht nur das. Er sieht auch sich selber negativ (1. Könige 19,4): »Was macht das schon, wenn es mich nicht mehr gibt? Ich bin auch nicht besser als meine Väter.« Ganz typisch für ein instabiles Selbstsystem ist das Pendeln zwischen Minderwertigkeitsgefühl und Selbstüberschätzung. Erst sagt Elia: »Ich will nicht mehr leben«, dann überrascht er mit der Aussage (1. Könige 19,10): »Lieber Gott, ich bin doch hier der Einzige, der dir die Treue gehalten hat.«

Fritz Riemann hat in seinem Buch »Grundformen der Angst« dieses Pendelmuster eindrücklich beschrieben. Er sagt: Depressive Menschen haben Angst vor der Selbstwerdung. Sie wollen klein bleiben dürfen und lehnen sich gern an starke Schultern an, aber gleichzeitig sind sie unzufrieden mit dieser Rolle, sie sehnen sich nach mehr, glauben sich zu Höherem berufen. So leben sie ein Leben zwischen dem Selbstvorwurf »Ich bin nichts, ich kann nichts und ich werde nie etwas sein« und dem Vorwurf gegen andere: »Jetzt kümmere dich endlich mehr um mich. Siehst du nicht, dass ich etwas Besonderes bin?« Wer sich selbst und seine Umgebung negativ sieht, der erwartet auch nicht mehr viel von der Zukunft (1. Könige

19,4). Er sagt: »Es reicht. Ich mache Schluss, das Leben hat doch ohnehin keinen Sinn mehr.«

Interessant ist, dass Gott die Lage ganz anders beurteilt. Er stellt klar: »So aussichtslos, wie du dir das einredest, ist deine Lage gar nicht, Elia. Ich finde nicht, dass jetzt alles aus ist. Ich habe dich noch nicht abgeschrieben. Ich habe noch viel mit dir vor.« Die Zukunft kann neu beginnen.

Und sie beginnt für den müden Propheten überraschend. Gott schickt ihm zunächst einen Engel und macht ihm damit das Angebot der Gemeinschaft.

Ist das wichtig? Sehr sogar, denn der niedergeschlagene Mensch leidet unter dem Gefühl, dass ihn keiner versteht. Elia soll sehen, da ist einer, der für ihn da ist, der sich Zeit nimmt, zuhört. Soziale Kontakte sind für depressive Menschen ungemein wichtig. Rückzug verstärkt nur die Ohnmachtsgefühle.

Der Engel, den Gott schickt, kommt nicht mit leeren Händen. Er hat etwas dabei. Keine Moralpredigt: »Elia – du hier? Was hat einer wie du unter einem Ginsterstrauch zu suchen? Wenn du dich nicht endlich zusammenreißt, mein Freund, dann ist der liebe Gott aber gar nicht mehr lieb.« Nein, der Engel kommt mit einem Krug Wasser und einem gerösteten Brot und sagt: »*Steh auf und iss!*« (1. Könige 19,5.6)

Gott weiß: Wer an Depressionen leidet, den muss man nicht belehren. Viele belehren und bestrafen sich in Gedanken permanent selbst, weil sie nicht so sind, wie sie gern sein möchten. Gottes »Fladenbrot-Seelsorge« durchbricht dieses Denkmuster. Elia darf sehen: »Gott überfordert mich nicht. Gott gönnt mir etwas. Er kümmert sich sogar um meine natürlichsten Bedürfnisse. Er verordnet mir Schlaf, er stärkt mich, er baut mich behutsam wieder auf.«

Und noch etwas ist hier wichtig. Elia soll lernen: Zu einer gesunden seelischen Stabilität gehört ein geregelter Alltag, ein ausgewogener Rhythmus von Schlaf, Arbeit und Essen. Viele Menschen, die an Depressionen erkranken, leiden unter Schlafproblemen und schlechten Essgewohnheiten.

Auch in Sachen Weltsicht erhält Elia Nachhilfeunterricht. Gott macht ihm klar, dass man sein Wirken in der Welt auch noch anders sehen kann. Er führt Elia an den Berg Horeb. Horeb – das ist mehr als ein Berg. Horeb – das ist Geschichte. Hier hat Israel die Zehn Gebote empfangen. Hier hat Gott seine Freundschaft eindrucksvoll besiegelt. Die Erinnerung an die großen Taten Gottes soll in Elia das verloren gegangene Gottvertrauen neu aufbauen. Elia soll begreifen: Gott ist ein Gott der Geschichte. Warum sollte der große Gott der Geschichte, der Könige einsetzt und abberuft, vor dem Königshaus in Israel kapitulieren? Und Gott geht noch einen Schritt weiter. Vor den Augen Elias organisiert er ein beeindruckendes Naturschauspiel. Er demonstriert seine Macht über die Naturgewalten, aber auf ganz eigene, überraschende Weise: Nicht im Wind, nicht im Erdbeben, auch nicht im Feuer ist Gott zu erkennen, sondern er zeigt sich als »*stilles, sanftes Sausen*« (1. Könige 19,12).

Elia soll lernen: Gott ist gerade auch im Unscheinbaren zu Hause. Karmel-Erlebnisse gehören dazu, sind aber nicht die Regel. Gott kommt gern auf leisen Sohlen. Er kann es sich leisten, die Mächtigen herumpoltern zu lassen. Er erreicht trotzdem sein Ziel mit uns Menschen. Was wir am Ende unseres Abschnitts lesen, ist ein weiterer Schritt auf dem Weg zur Überwindung der Depression. Gott justiert das beschädigte Selbstbild neu. Er sagt (1. Könige 19,15–18): »Elia, es gibt noch 7000 im Land, die – wie du – mir die Treue gehalten haben. Du bist nicht allein. Und jetzt geh und mach wieder deinen Job.«

Der amerikanische Präsident Abraham Lincoln, der in jüngeren Jahren an schweren Depressionen litt, wurde einmal gefragt, wie er diese schwere Zeit überwunden habe. »Ganz einfach«, antwortete er, »ich hatte eine sinnvolle Aufgabe.« Gott will nicht, dass wir uns nach Enttäuschungen verkriechen. Gott will, dass wir Schritt für Schritt wieder lernen, uns den Herausforderungen des Lebens zu stellen. Elia soll begreifen: Wenn unsere Vorstellung vom Leben platzt, bedeutet das nicht, dass wir handlungsunfähig sind. Wir können Ziele neu formulieren, wir dürfen unsere Opferrolle verlassen, wir können lernen, die Initiative zu ergreifen für ein neues Leben.

Helder Camara hat einmal gesagt: »Bleib nicht stehen! Es ist eine göttliche Gnade, gut zu beginnen. Es ist eine größere Gnade, auf dem guten Weg zu bleiben. Aber die Gnade der Gnaden ist es, sich nicht zu beugen und, ob auch zerbrochen und erschöpft, vorwärtszugehen bis zu dem Ziel, das Gott uns gesetzt hat.«

4. »Warum lässt Gott die Menschen leiden?«

»Ich würde gern an Gott glauben«, gesteht Herr P., »aber ich kann es nicht. Warum stürzen Flugzeuge ab? Warum sterben unschuldige Kinder? Warum werden die einen gesund, andere nicht? Warum spielt die Natur verrückt? Es gibt so viele sinnlose Katastrophen. Wenn es einen Gott gibt, müsste er das nicht verhindern? Wenn Gott allmächtig ist, warum greift er nicht ein? Wenn Gott die Menschen liebt, warum lässt er sie so leiden?«

Vor vielen Jahren unterhielt ich mich mit einem Russlanddeutschen. Er erzählte mir eine unglaubliche Geschichte. In einem kleinen sibirischen Dorf trafen sich Christen heimlich zum Beten und Bibellesen. Als sie an einem der Abende wieder einmal zusammengekommen waren, ging plötzlich die Tür auf und die Geheimpolizei stand mitten im Raum. Jemand musste sie verpfiffen haben. Der Polizeioffizier riss das Kreuz von der Wand, warf es auf den Fußboden und ordnete an, dass jeder der Anwesenden das am Boden liegende Kreuz bespucken solle. Bei Zuwiderhandlung drohe die sofortige Exekution. Die anwesenden Erwachsenen wussten, dass mit der Geheimpolizei nicht zu spaßen war. Sie dachten an ihre Familien, und so folgte einer nach dem anderen dem Befehl des Offiziers. Schließlich kam ein zwölfjähriges Mädchen an die Reihe. Sie bückte sich, wischte mit ihren Haaren die Spucke vom Kreuz und ging wortlos weiter. Der Offizier schäumte vor Wut. Er stieß laute Verwünschungen aus, um dann völlig überraschend zu seinen Leuten zu sagen: »Kommt, wir gehen!« Der Mann, der mir diese Geschichte erzählte, wollte mir vor Augen malen: Was haben wir doch für einen wunderbaren Gott! Er greift ein. Er lässt uns nicht hängen. Auf ihn ist Verlass!

Szenenwechsel. Eine deutsche Familie arbeitet im Südosten der Türkei in einem christlichen Buchladen. Der Mann ist mit zwei befreundeten türkischen Mitarbeitern gerade im Laden, da stürmen fünf junge Männer den Laden. Sie fesseln die Anwesenden auf Stühle und foltern sie stundenlang. Nachbarn hören die Schreie, sie rufen die Polizei. Als die kommt, ist es zu spät. Die drei Männer sind tot. Zurück bleiben trauernde Angehörige – und viele Fragen.

Warum greift Gott in dem einem Fall ein und in dem anderen offensichtlich nicht? Was ist das für ein Gott, der die einen bewahrt und die anderen nicht? Wir Menschen wollen das Unverständliche verstehen. Wir suchen nach Gründen, betreiben Ursachenforschung, der Theologe in uns braucht Antworten.

Eine Antwort wäre zum Beispiel: Wenn eine Sache nicht gut ausgeht, dann haben es die Menschen nicht anders verdient. Jeder bekommt das, was er verdient hat. Die Pharisäer kannten Register, in denen Krankheiten aufgelistet waren und daneben jeweils die Sünde, die angeblich hinter der Krankheit stand. Aber trifft das große Unglück nur Schuldige? Was würden wir einer Mutter antworten, deren dreijähriges Kind ihr unter den Händen wegstirbt? Trifft das große Unglück nicht Unschuldige und Schuldige zugleich? Waren die Christen in Sibirien am Ende frömmer als die Christen in der Türkei? Haben die Christen in Sibirien mehr gebetet, weniger gesündigt, anständiger gelebt?

Eine andere Erklärung wäre: Wenn ein Mensch zu früh stirbt, wenn himmelschreiendes Unrecht geschieht, dann hat das einen höheren Sinn, dann ist das ein Teil von Gottes großem Plan. Gott lässt das Böse zwar geschehen, aber am Ende setzt sich das Gute durch.

Ich muss an eine Frau denken, die als junges Mädchen von einem Geistlichen missbraucht wurde. Sie suchte Halt bei Gott, wandte sich an einen anderen Seelsorger und erlebte mit ihm ein schmerzliches Déjà-vu. Setzt sich am Ende immer durch, was gut für uns ist?

Die Bibel erzählt uns aus der Zeit der ersten Christen eine verstörende Geschichte (Apostelgeschichte 12,1–11): *»In dieser Zeit ließ König Herodes einige Christen in Jerusalem verhaften und foltern. Jakobus, der Bruder von Johannes, wurde enthauptet. Als Herodes merkte, dass er dadurch bei den Juden Ansehen gewann, ließ er auch noch Petrus gefangen nehmen, und zwar während des Festes der ungesäuerten Brote. Man warf den Apostel ins Gefängnis. Dort bewachten ihn ununterbrochen vier Soldaten, die alle sechs Stunden abgelöst wurden. Herodes wollte nach* *der Festwoche Petrus öffentlich den Prozess machen. Aber die Gemeinde in Jerusalem hörte nicht auf, für den Gefangenen zu beten. In der letzten Nacht vor dem Prozess schlief Petrus zwischen zwei Soldaten und war mit Ketten an sie gefesselt. Die beiden anderen Soldaten hielten vor der Zelle Wache. Plötzlich betrat ein Engel des Herrn die Zelle, und Licht erfüllte den Raum. Der Engel weckte Petrus, indem er ihn anstieß, und sagte zu ihm: ›Steh schnell auf!‹ Sofort fielen Petrus die Ketten von den Handgelenken. ›Binde deinen Gürtel um und zieh deine Schuhe an‹, befahl ihm der Engel. ›Nimm deinen Mantel und folge mir!‹ Petrus verließ hinter dem Engel die Zelle. Aber die ganze Zeit über war ihm nicht klar, dass all dies wirklich geschah. Er meinte, er hätte eine Vision. Sie gingen am ersten Wachposten vorbei, dann am zweiten und kamen schließlich an das schwere Eisentor, das zur Stadt führte. Es öffnete sich wie von selbst vor ihnen. Nun hatten sie das Gefängnis verlassen und bogen in eine schmale Straße ein. Da verschwand der Engel, und erst jetzt begriff Petrus: ›Der Herr hat mir tatsächlich seinen Engel geschickt, um mich aus der Gewalt von Herodes zu retten. Die Juden werden vergeblich auf meine Hinrichtung warten.‹«*

Was für eine Geschichte! Da werden Gemeindeglieder kaltgestellt, einer ihrer Anführer findet den Tod, ein anderer wird auf wundersame Weise gerettet. Was ist das für ein Gott, der den einen sterben lässt und den anderen rettet? Warum handelt Gott in dem einen Fall so, in einem anderen Fall anders?

Warum-Fragen sind menschlich. In der Bibel stellen Menschen sie immer wieder. Asaf beneidet die Gottlosen, weil es ihnen so gut geht (Psalm 73,3). Hiob klagt: »*Warum bin ich nicht bei der Geburt gestorben?*« (Hiob 3,11) Jesus schreit am Kreuz: »*Mein Gott, mein Gott, warum hast du mich verlassen?*« (Matthäus 27,46) Es fällt auf, dass Gott sich mit Antworten sehr zurückhält. Auch in unserer Geschichte wird nichts erklärt, kommentiert, begründet. Am Ende bleibt das verwirrende Ergebnis: Jakobus enthauptet, Petrus gerettet! Kein Hinweis, dass Petrus vielleicht doch ein bisschen frömmer gewesen ist als Jakobus. Beide haben als Jünger Jesu für dieselben Ziele gelebt. Für beide hat die Gemeinde gebetet. Jakobus können die Gebete nicht retten, und als Petrus befreit wird, sind er und die Beter irritiert. Haben sie am Ende selbst nicht mehr damit gerechnet, dass Gott eingreifen würde?

Beobachtung Nr. 1: Gott will, dass wir auch das, was wir nicht verstehen, annehmen

Sören Kierkegaard, der dänische Religionsphilosoph, hat einmal darauf hingewiesen, dass wir uns mit Gott in einem echten Dilemma befinden. Wir sitzen alle im gleichen Boot und rudern gegen die Strömung. Unsere Augen sehen nur die Wellen, das Ziel sehen wir nicht. Es ist hinter unserem Rücken. Ohne Bild gesprochen: Die vielen Zumutungen des Lebens entziehen sich einer erhellenden Sinndeutung. Gott sagt: »*Meine Gedanken sind nicht eure Gedanken, und meine Wege sind nicht eure Wege. Denn wie der Himmel die Erde überragt, so sind auch meine Wege viel höher als eure Wege und meine Gedanken als eure Gedanken.*« (Jesaja 55,8.9) Gott ist souverän. Er muss sich nicht vor uns Menschen rechtfertigen. Er ist anders. Er passt nicht in unsere Vorstellungswelt. Er lässt sich nicht von uns in die Karten schauen. Würde er das, dann würde er aufhören, Gott zu sein. Es fällt uns schwer, zu akzeptieren, dass Gott für uns Menschen unverfügbar ist. Wir hätten ihn lieber als eine Art Vollkaskoversicherung, die für jeden Schaden aufkommt. Aber Gott muss uns enttäuschen. Enttäuschungen sind Befreiungen von Täuschungen, von Gedanken, die wir uns über Gott, uns selbst und andere machen.

Der britische Schriftsteller C. S. Lewis hat einmal gesagt: »Der Himmel löst unsere Probleme, aber er löst sie nicht, indem er unsere widersprüchlichen Begriffe scharfsinnig miteinander versöhnt.« Wenn wir uns weitere Verse aus Jesaja 55 anschauen, dann fällt auf: Gott ist nicht nur der ganz Andere, der himmelhoch über uns ist. Er ist gleichzeitig der, der auf Tuchfühlung bleibt. Denn die Worte, die von einem souveränen Gott sprechen, werden umrahmt von anderen Aussagen: »*Sucht den Herrn, solange er sich finden lässt! Betet zu ihm, solange er euch nahe ist! (…) Er wird sich über dich erbarmen.«* (Jesaja 55,6.7) Der verborgene Gott ist gleichzeitig der liebende Gott, der uns nicht unserem Schicksal überlässt. Auch wenn uns seine Führungen oft unverständlich erscheinen, Gott lässt sich die Fäden nicht aus der Hand nehmen.

Man muss schon ein wenig schmunzeln, wie Gott den mächtigen Herodes bis auf die Knochen blamiert: 16 bewaffnete Soldaten bewachen Petrus. Eiserne Ketten und schwere Türen versperren den Weg zur Freiheit. Alarmstufe eins am Königshof! Und dann lässt Gott einen Engel durch den Hochsicherheitstrakt spazieren, so als sei gerade Tag der offenen Tür. Er muss sich noch nicht einmal besonders vorsehen, er kann es sich leisten, Licht zu machen.

Die täglich erlebbare Wirklichkeit macht es uns schwer, zu glauben, dass Gott Herr jeder Lage ist. Ich denke, das ging den Christen in Jerusalem nicht anders. Aber sie sind nicht in Apathie versunken. Sie haben Gott Tag und Nacht ihre Fragen gebracht, ihre Not geklagt, ihr Unverständnis ausgedrückt. Und das Verblüffende ist: Die Bereitschaft, mit all den offenen Fragen immer wieder zu Gott zu gehen, führte bei ihnen nicht zu einer inneren Entfremdung von Gott.

Indem wir Gott unsere offenen Fragen bringen, wagen wir Schritte des Vertrauens. Wir überlassen uns ihm wie ein Kind, das sich in die Arme des Vaters wirft. Und der Vater im Himmel beginnt, auf geheimnisvolle Weise zu reden. Nicht immer so, wie wir es erwarten, aber doch so, dass etwas in die verletzte Seele hineinkommt, das uns verändert. Wir spüren auf einmal eine innere Gelassenheit.

Wenn Sie zurzeit unzufrieden sind mit Gott, dann machen Sie vielleicht einmal Folgendes: Suchen Sie sich einen Ort der Ruhe und beten Sie: »Lieber Gott, ich verstehe dich nicht, du bist mir so fremd, alles ist so dunkel, aber ich möchte dich erkennen, ich möchte dir näherkommen.« In der Bibel wird immer wieder so gebetet. Nirgendwo verbietet Gott uns Menschen die Klage, nirgendwo verbietet er uns, Warum-Fragen zu stellen. Demselben Asaf, der sich über das Wohlergehen der Gottlosen ärgert, gelingt ein erstaunlicher Blickwechsel: *»Wenn ich nur dich habe, so frage ich nichts nach Himmel und Erde.«*

(Psalm 73,25) Derselbe Hiob, der den Tag seiner Geburt ungeschehen machen möchte, ringt sich zu dem Bekenntnis durch: »*Ich weiß, dass mein Erlöser lebt.*« (Hiob 19,25) Und selbst der Mann am Kreuz, der sich von Gott vergessen glaubt, findet seinen inneren Frieden mit den Worten: »*Es ist vollbracht.*« (Johannes 19,30)

Gott steht unserem Leiden nicht ohnmächtig gegenüber. Menschliches Leiden und göttliche Liebe schließen sich nicht aus. Menschliches Leiden kann Gottvertrauen vertiefen. Der Dichter Rainer Maria Rilke hat einmal gesagt: »Ich möchte Sie, so gut ich es kann, bitten (…), Geduld zu haben gegen alles Ungelöste in Ihrem Herzen (…). Forschen Sie jetzt nicht nach den Antworten, die Ihnen nicht gegeben werden können (…). Leben Sie jetzt die Fragen. Vielleicht leben Sie dann allmählich, ohne es zu merken, eines fernen Tages in die Antwort hinein.« Das permanente Suchen nach Antworten führt in die Sackgasse. Das Annehmen der offenen Fragen dagegen ist ein erster Schritt auf dem Weg der Lebensbewältigung.

Die Erkenntnis, dass menschliches Leiden Gottvertrauen vertiefen kann, führt mich zu einer zweiten Beobachtung.

Beobachtung Nr. 2: Gott will, dass wir ihn in dem, was wir nicht verstehen, erkennen

Erkennen ist nach biblischem Verständnis keine intellektuelle Leistung. Erkennen ist die hebräische Umschreibung für die Fähigkeit, sich jemandem ganz anzuvertrauen, ganz zu öffnen, sich ganz hingeben zu können. Wir können Gott nicht verstehen, aber wir können uns ihm anvertrauen – gerade auch dann, wenn wir nicht verstehen. Man kann nur erkennen, wenn man liebt.

Ernesto Cardenal hat einmal gesagt: »Meistens nennen wir nur das Außergewöhnliche in unserem Leben Vorsehung oder das, was gerade in unsere Pläne passt und von dem wir meinen, dass es gut für uns ist. Wir sprechen von Vorsehung, wenn wir unverletzt einen Verkehrsunfall überstehen oder wenn wir im letzten Augenblick das abgestürzte

Flugzeug verpasst haben. Wer denkt daran, dass auch das Umkommen bei einem Flugzeugabsturz gleichermaßen Vorsehung ist? Vorsehung ist nicht nur das Angenehme, sondern auch das Unangenehme, nicht nur das Außergewöhnliche, sondern auch das Gewöhnliche; nicht nur das, was geschieht, sondern auch das, was nicht geschieht. Wenn wir unseren Willen ganz dem Willen Gottes unterordnen, erhält jede Kleinigkeit, jedes Treffen auf der Straße, jeder Telefonanruf, jeder Brief plötzlich einen Sinn. Dann erfahren wir, dass alles einen Grund hat und alles einer Vorsehung gehorcht. Dann fühlen wir uns sicher und vertrauensvoll und ruhig. Gott sorgt genauso für die Glühwürmchen wie für die Milchstraßen. Und kein Atom bewegt sich ohne seine Zustimmung. Was kann uns dann schon in der Welt geschehen?«

Kennen sie Todd Beamer? Er saß in der vierten Maschine, die am 11. September 2001 entführt wurde. Über Handy war er bereits über die Katastrophe am World Trade Center informiert. Er wusste: »Meine Lage ist aussichtslos. Die Entführer fliegen uns in den sicheren Tod. Und mit uns werden wahrscheinlich viele andere sterben.« Aber der Notfalldienst, der über die eingeschaltete Notfallverbindung vor seinem Sitz mit ihm verbunden war, hörte kein verzweifeltes Schreien: »Gott, wie konntest du das zulassen? Warum hast du mich in diese ausweglose Lage gebracht?« Er betete das Vaterunser und anschließend Psalm 23: »*Der Herr ist mein Hirte ...*« Dann erhob er sich und bat vier andere Passagiere, den Terroristen Einhalt zu gebieten, um Schlimmeres zu verhindern. Es kam zu einem Kampf, das Flugzeug zerschellte auf einem Feld nahe einem Dorf in Pennsylvania. US-Experten sagten später, dass das beherzte Eingreifen dieses Mannes den Kamikazeangriff auf das Weiße Haus abgewendet habe. Todd Beamers letzte Worte waren: »Auf geht's!«

Todd Beamer wird sich sicherlich gefragt haben: »Was passiert mir da eigentlich?« Aber er wusste sich in dieser schrecklichen Stunde zugleich gehalten von seinem himmlischen Vater. In ihm war eine Hoffnung, die stärker war als die Verzweiflung und die Angst vor dem Sterben. Gott macht in seinem Wort klar: »Ich bin ein Gott der Liebe.

Auch wenn meine Gedanken nicht immer verstanden werden, weil ich der ganz Andere bin, hoch über euch, bin ich doch gleichzeitig ganz dicht dran an euch. Mein Trost will mit euch gehen. Mein Trost will mitten in den Trostlosigkeiten des Lebens Geborgenheit schenken.«

5. »Alles musste perfekt sein«

Als Herr S. über seine Kindheit spricht, verändern sich seine Gesichtszüge. »Wehe, mein Zimmer war unaufgeräumt! Wehe, ich kam mit einer Drei nach Hause! Meine Mutter schaute mich an, als wäre ich sitzen geblieben. Wehe, ich übte nicht genug Geige! Mein Vater strich mir das Taschengeld, wenn er herausbekam, dass ich Geigenstunden geschwänzt hatte. Ich hasse mein Zuhause. Alles musste perfekt sein!«

»Moby-Dick«, so heißt ein mehrfach verfilmter Roman von Herman Melville. In ihm wird uns ein Kapitän geschildert, der nur von einem einzigen Gedanken besessen ist: Moby Dick, der gefürchtete weiße Wal, muss sterben. Nichts kann Captain Ahab von dem Entschluss abbringen – weder die vielen Narben aus den vorangegangenen aussichtslosen Kämpfen noch ein verlorenes Bein. Immer wieder neu stellt er sich dem Kampf. Captain Ahab gibt alles, aber das Biest ist stärker! Am Ende bleiben er und seine ganze Crew auf der Strecke. Alles Mühen ist umsonst. Eine tragische Geschichte.

Ist nicht ein bisschen Captain Ahab in jedem von uns? Wir wollen nicht irgendeinen Fang. Wir wollen *den* Fang. Und so setzen wir alles daran, das große Ziel zu erreichen. Mit weniger geben wir uns nicht zufrieden. Und was bleibt am Ende?

Woher kommt eigentlich dieses menschliche Verlangen nach Größe, Vollkommenheit und Perfektion? Die Bibel erzählt uns auf den ersten Blättern die Urgeschichte des Menschen. Gott setzte Adam in einen wunderbaren Garten. Er war versorgt. Es ging ihm gut. Aber das reichte ihm nicht. Er wollte mehr. Er wollte das Beste. Er wollte sein wie Gott.

Denken wir nicht auch manchmal, dass das Beste gerade gut genug für uns ist? Da ist die perfekte Hausfrau, die sagt: »Ich lade nur Freunde ein, wenn zu Hause alles picobello ist.« Da ist der ideale Ehemann, der nicht nur das Geld nach Hause bringt; er kümmert sich nach Feierabend gleich noch um die Bügelwäsche und danach setzt er sich selbstverständlich zu seiner Frau auf die Coach und sagt: »So, Schatz, jetzt erzähl mal, wie geht es dir?« Und wer will nicht der perfekte Christ sein, der immer Hunger nach Gottes Wort hat, der nie vergisst zu beten, der keinen Gottesdienst ausfallen lässt? Viele von uns glauben: Nur was besser ist, ist gut genug. Gott ist vollkommen, warum soll ich dann nicht auch versuchen, ein bisschen vollkommener zu werden?

In der Bibel steht tatsächlich der Satz: »*Endlich gleiche ich dem Allerhöchsten.*« (Jesaja 14,14) Aber hier ist von einem Weltherrscher die Rede. Die kirchliche Tradition hat in ihm den Teufel selbst gesehen. Ich denke, das ist eine wichtige Feststellung: Perfektionismus ist eine teuflische Falle. Perfektionismus ist Rebellion gegen Gott.

Wir haben oft eine falsche Vorstellung von dem, was Sünde ist. Sünde ist nicht immer schmutzig und geschmacklos. Das, wonach Adam und Eva greifen, kann sich sehen lassen. Der Baum der Erkenntnis macht klug. Der Biss in den Apfel macht vollkommen (auch wenn der Urtext gar nicht von einem Apfel spricht). Nur: Das Ganze kommt nicht von Gott, sondern von der Schlange, der Verkörperung des Bösen. Es gibt ein untrügliches Erkennungsmerkmal des Bösen, und das ist die trügerische Botschaft: »Was von Gott kommt, reicht nicht.« Es gibt immer noch »mehr«, und diese »Gier nach mehr« treibt uns unaufhörlich an.

Gott sagt, nachdem er die Welt erschaffen hat: »*Und siehe, es war sehr gut.*« (1. Mose 1,31) Sehr gut – Superlativ! Etwas, was sehr gut ist, muss ich nicht besser machen. Der Widersacher Gottes ist da anderer Meinung. Er gönnt Gott seine Vollkommenheit nicht. Wirklich sehen lassen kann ich mich erst, wenn ich selbst bin wie Gott.

Adam und Eva zahlen am Ende einen hohen Preis. Sie müssen sich aus dem Paradies verabschieden und seitdem wissen wir: Der Mensch, der hoch hinauswill, kann tief fallen. Gottes Gottheit ist unteilbar. Er ist und bleibt ein souveräner, unverfügbarer Gott. Wer das nicht wahrhaben will, muss wie Adam die Folgen tragen. Adam fühlt sich durchschaut und versteckt sich. Er, der eben noch alles in der Hand zu haben glaubte, glaubt auf einmal, nichts mehr in der

Hand zu haben. Nackt war Adam schon vorher, aber auf einmal fühlt er sich auch so.

Perfektionisten leben in Extremen. Perfektionisten leben im Entweder-oder. Entweder ich werde sein wie Gott – oder ich kann mich vor ihm nicht mehr sehen lassen (Modell Adam). Entweder ich kriege das Biest – oder das Biest schafft mich (Modell Captain Ahab). Entweder alle Menschen mögen mich – oder keiner mag mich (Modell depressiver Durchschnittspatient). Perfektionisten haben das Maß für die Mitte verloren. Durchschnitt ist Versagen, ausgebliebene Vortrefflichkeit unverzeihliche Schlechtigkeit. Im Englischen beschreibt das Wortspiel »nobility – no ability« das Phänomen. Perfektionisten streben nach Höherem, nach Adel (»nobility«), aber sie scheitern immer wieder an ihren hohen Ansprüchen; anstatt sie nach unten zu korrigieren, bemitleiden sie sich lieber in ihrer Unfähigkeit (»no ability«).

Auch Adam glaubt an die Lüge: »Nur wenn du etwas Besonderes bist, ist dein Leben lebenswert.« Wer so denkt, kommt ohne Versteckspiel nicht aus. Wer so denkt, darf sich vor anderen keine Blöße geben. Wer so denkt, muss sich immer ein bisschen besser machen, als er ist. Wie viele investieren in ein Leben im Schaufenster, aber in die unaufgeräumten Lagerräume dahinter darf keiner schauen.

Adam möchte gut dastehen. Er überspielt seine Blöße und flüchtet sich in Ausreden: »Lieber Gott, eigentlich bin ich gar nicht so schlecht. Bei Licht betrachtet, ist die Frau das Problem. Wenn die mich nicht zugetextet hätte, glaubst du im Ernst, ich hätte mich zu Höherem berufen gefühlt?« Menschen, die sich zu Höherem berufen fühlen, haben Angst, dass all das Unvollkommene, Bruchstückhafte und Schlechte, das sie an sich entdecken, ans Licht kommt: »Wie stehe ich denn da – so nackt und ungeschützt?«

Eigentlich ist das schade. Gott weiß längst, wie wir aussehen. Gott sieht hinter unsere »Feigenblatt-Strategie«. Ich verstehe die Frage Gottes an Adam »*Wo bist du?*« (1. Mose 3,9) nicht als Vorwurf, sondern eher als Einladung: »Adam, du darfst aufhören mit dem Versteckspiel. Ich weiß, du schämst dich, aber deshalb musst du dich nicht gleich verkriechen und nach Ausreden suchen. Ich habe dich lange genug nackt gesehen, weshalb sollte ich die Wahrheit über dich jetzt nicht mehr ertragen? Ich bin immer noch an dir interessiert. Schau, ich rede noch mit dir. Schau, ich kleide dich neu ein.« Gott weist dem Menschen, der zu viel gewollt hat, einen Weg aus der Krise. Wer perfekt sein will, darf lernen, dass weniger mehr ist.

Ein erfolgreicher Geschäftsmann wurde einmal gefragt, was das Geheimnis seines Erfolges sei. »Richtige Entscheidungen«, antwortete er. »Und wie trifft man die richtigen Entscheidungen?« – »Erfahrung«, antwortete er. »Und wie gewinnt man Erfahrung?« Der Geschäftsmann lächelte und sagte: »Durch falsche Entscheidungen.«

Fehler ermöglichen es uns, Erfahrungen zu machen und aufgrund dieser Erfahrungen später bessere Entscheidungen zu treffen. Fehler zu machen ist keine Katastrophe. Fehler zu machen ist oft die einzige Möglichkeit, Leben zu lernen.

Dietrich Bonhoeffer hat einmal sagt: »Ich glaube (…), dass auch unsere Fehler und Irrtümer nicht vergeblich sind und dass es Gott nicht schwerer ist, mit ihnen fertigzuwerden als mit unseren vermeintlichen Guttaten.« Keine Frage: Das Gute noch besser zu machen ist bewundernswert, aber das Bessere ist in einer Welt nach dem Sündenfall nicht unbegrenzt verfügbar. Jenseits von Eden wohnen immer auch der Schmerz, das vergebliche Mühen, die Unvollkommenheit.

In der Geschichte vom Sündenfall kündigt Gott an, dass einst jemand der Schlange *»den Kopf zertreten«* wird (1. Mose 3,15). Die Alte Kirche hat diese Stelle auf Jesus bezogen und vom ersten Evangelium der Bibel gesprochen. Jesus ist stärker als unsere Gier, perfekt zu sein. Jesus selbst ist das Modell dafür, dass man ein erfülltes Leben leben kann, auch wenn nicht alles perfekt ist. Sein Leben war alles andere als eine Bilderbuchkarriere. Aber Jesus hat sein Schicksal angenommen und die Durststrecken mit der Hilfe seines himmlischen Vaters ausgehalten. Jesus hat uns ein Beispiel gegeben: Wer Gott auf seiner Seite hat, kommt durch, denn Gottes Kraft ist in den Schwachen mächtig. Das ist die gute Nachricht für alle, die sich zu Höherem berufen fühlen und doch immer wieder Bauchlandungen produzieren.

Der Apostel Paulus sagt an die Adresse derer, die sich für etwas Besonderes halten: Menschliches Wissen ist Stückwerk. Paulus wusste, wovon er sprach. Er hielt sich zwischenzeitlich selbst für den Größten (Philipper 3,4 ff.; 2. Korinther 12,1 ff.), aber dann gab es auch Tage, da wollte er nicht mehr leben (Philipper 1,23). Gott hat ihn gelehrt, das, was er war, und das, was er nicht war, auszuhalten. Er schreibt an die Philipper: »*Ich habe gelernt, in jeder Lage zurechtzukommen und nicht von äußeren Umständen abhängig zu sein: Ich kann Not leiden, ich kann im Wohlstand leben; mit jeder Lage bin ich vertraut. (…) Allem bin ich gewachsen durch den, der mich stark macht.*« (Philipper 4,11–13)

Der Königsweg zur menschlichen Reife führt über Christus und die Erkenntnis, dass ich in allem, was ich habe und was mir fehlt, genug habe, um ein lebenswertes Leben zu leben. Wir, die wir den alten Adam und die alte Eva in uns tragen, die wir uns zu Höherem berufen fühlen, dürfen unser inneres Gleichgewicht finden durch den, der uns stark macht, Christus.

6. »Ich kann nicht vergeben«

Da rede ich mit Herrn U., der gerade seinen Arbeitsplatz verloren hat.
»Das ist nicht das erste Mal«, gesteht er kleinlaut. »Immer kriege ich Pro-
bleme mit meinen Vorgesetzten. Ich lass mich doch nicht herumkomman-
dieren wie einen Schuljungen. Meine Frau sagt immer: ›Heinz, du musst
vergeben.‹ Ich kann aber nicht jemandem vergeben, der mir pausenlos auf
der Nase herumtanzt, Herr Grund, verstehen Sie das?«

Wir Menschen sind schon erstaunliche Wesen: Wir wissen, wie man
zum Mond fliegt, wie man Dreiliterautos baut, wie man eine Unmen-
ge von Daten auf einem kleinen Mikrochip speichert, aber wenn wir
uns gekränkt fühlen, hört bei vielen von uns der Einfallsreichtum auf.
Da sind nur noch Wut und Verbitterung. Da gebe ich als Mitarbeiter
alles für meinen Betrieb, mache Überstunden, übernehme Dienste
für Kollegen, aber bei der nächsten Beförderung werde ich übersehen.
Das ist doch nicht fair, oder? Da pflegt eine Frau ihre alte Mutter, und
die lieben Geschwister, die sich eigentlich entlastet fühlen müssten,
sagen: »Das macht die doch nur, weil sie an das Geld der Mutter will.«
So etwas tut weh, oder?

Was passiert eigentlich mit uns, wenn wir gekränkt werden? Kränkungen führen zu »Revierverkleinerungen« des persönlichen Lebens-
spielraums. Was eigentlich in uns leben will, wird kleingehalten. Was
will denn in uns leben? Es gibt menschliche Grundbedürfnisse, ohne
die kein Mensch leben kann. Werden diese Bedürfnisse kleingehalten,
verliert der Mensch in sich selbst den Halt. Und wer in sich den Halt
verliert, dem fällt es schwer, zu anderen zu »halten«, ihnen etwas von
sich zu geben, zu »ver-geben«.

Kränkungen setzen die Selbstachtung herab

Ich kann mich noch gut erinnern: Weihnachten irgendwann in den
1960er-Jahren. Ich bekam die nagelneue »Blecheisenbahn«, meine Schwester eine »gebrauchte Puppe«. Meine Schwester lief noch

während der Bescherung in ihr Zimmer und kam den ganzen Abend nicht mehr heraus. Die Mutter versuchte zu beschwichtigen: »An Weihnachten wollen wir doch nicht streiten!« Die Schwester rief beleidigt: »Das habt ihr euch selbst zuzuschreiben. Müsst ihr den immer so bevorzugen?« Den sie meinte, war ich; und sie hatte recht. Das Verhalten der Eltern machte es ihr schwer, nett zu mir zu sein. Sie hatte das Gefühl, weniger wert zu sein als ihr Bruder.

Kränkungen nehmen einem das Gefühl, etwas zu können
Ich habe bis zur Einschulung bei meiner Oma auf dem Land gelebt. Als ich dann in der Großstadt in die erste Klasse kam, gab es Verständigungsprobleme. Die Kinder sprachen alle Hochdeutsch, ich nur einen Dialekt, den keiner verstand. Eine Szene hat sich mir bleibend eingeprägt. Die Lehrerin ließ mich vor allen anderen immer wieder denselben Satz wiederholen. Die anderen schlugen sich vor Schadenfreude auf die Schenkel. Ich beschloss damals für mich, nichts mehr im Unterricht zu sagen. Unter dem Zeugnis in den Grundschuljahren stand immer: »Muss reger werden!« Für die gesunde Reifeentwicklung eines Kindes ist es wichtig, zu hören, dass man etwas kann, dass man mit seinen Gaben und Fähigkeiten gebraucht wird.

Kränkungen machen den Raum, wo ich sicher sein kann, klein
Kennen Sie das? Straßenfußball – die Mannschaften werden gewählt, einer bleibt übrig, und der eine, der übrig bleibt, ist immer man selber. Keine schöne Erfahrung, oder?

Jeder von uns braucht ein Zuhause, einen Ort, wo er hingehört, wo er gebraucht wird.

Nicht immer finden wir solche Räume. Wir finden sie womöglich nicht in unseren Familien, in unserem Freundeskreis, und was mich besonders traurig macht: Wir finden solche Räume auch nicht immer in unseren Gemeinden, wo das Licht der Aufmerksamkeit gern auf jene fällt, die etwas zu bieten haben, eine vorbildliche Frömmigkeit, mustergültiges Verhalten, eine außergewöhnliche Gabe.

Gekränkte Menschen sitzen in der Falle. Es ist wie beim Trojanischen Pferd: Nicht nur die unberechtigten Angriffe von außen machen ihnen zu schaffen; der Feind, der von außen zuschlägt, hat Verbündete, die sich tief im eigenen Innern eingenistet haben. Gekränkt fühlen sich vor allem Menschen, die hohe Ideale verfolgen, die konkrete Erwartungen an andere Menschen haben. Sie sind mit irgendetwas in Vorleistung getreten und müssen nun erleben, dass nichts oder nur wenig von dem, was sie investiert haben, zurückkommt.

David klagt: *»Mein Gott, ich lobe dich! Bitte schweige doch nicht! Rücksichtslos gehen gottlose Menschen gegen mich vor, sie reißen ihren Mund auf und verleumden mich. Sie bedrängen mich mit hasserfüllten Worten und bekämpfen mich ohne jeden Grund. Meine Freundschaft beantworten sie mit Feindschaft.«* (Psalm 109,1–4).

Es tut weh, zu sehen, wie undankbar Menschen sein können. Es tut vor allem dann weh, wenn man sein Herz an diese Menschen verloren hat. Enttäuschte Liebe – ein ernst zu nehmendes trojanisches Pferd.

Kränkbarkeit offenbart immer Schwachstellen in unserer Selbstbeziehung. Viele von uns brauchen die Bestätigung anderer, um sicher im Leben zu stehen. Bleibt sie aus, fühlen wir uns gekränkt. Wir wissen, dass es uns besser ginge, wenn es uns gelänge, Abstand zu Menschen zu halten, die uns nicht guttun. Aber Abstand bedeutet Verlust von Nähe. Abstand bedeutet Verlust der starken Schulter, an die ich mich so gerne anlehne, weil ich mich in mir selbst so schwach fühle. Wer nicht Abstand halten kann, sitzt in der Falle. Er ist Menschen und ihren Reaktionen ausgeliefert.

Wie kann ich mir in solch einer Situation helfen? Ich kann zunächst einmal versuchen, das, was mich kränkt, besser zu verstehen. Stellen Sie sich vor, Sie sitzen in einem Zugabteil. Neben Ihnen ein Kind, das in einer Tour quengelt. Die Mutter des Kindes sitzt scheinbar unbeteiligt im gleichen Abteil. Das Gequengel nervt ohne Ende. Sie sind ein zivilisierter Zeitgenosse, aber irgendwann reißt Ihnen der Geduldsfaden und es platzt aus Ihnen heraus: »Sie, wenn Sie nicht in der Lage sind, Ihr Kind ruhig zu halten, dann sollten Sie sich über andere Fortbewegungsmöglichkeiten Gedanken machen als eine Zugfahrt.« Die Mutter antwortet ganz ruhig: »Das Kind macht gerade eine schwere Zeit durch, der Vater ist schwer verunglückt. Wir fahren gerade an den Unglücksort.« Wahrscheinlich macht dieser Satz etwas mit Ihnen. Auf einmal schämen Sie sich für Ihr Genervtsein. Sie verstehen sofort: Es ist ein Unterschied, ob ein Kind quengelt, weil es schlecht erzogen ist oder weil es gerade mit einem schweren Verlust nicht fertigwird.

Wir sollten uns immer bemühen, das Handeln eines Menschen aus einem größeren Kontext heraus zu verstehen. Wir alle haben unsere Geschichte. Je mehr Informationen wir übereinander haben, desto besser können wir einander verstehen. Wie wir auf das Verhalten anderer reagieren, hängt nicht nur vom Verhalten an sich ab, sondern auch davon, wie es gerade in uns selbst aussieht. Vielleicht haben wir lange gedacht, mit ein bisschen gutem Willen ist jede Ehe zu retten – bis wir in unserer eigenen Familie erleben, wie schnell dieser gute Wille auf der Strecke bleiben kann. Wir werden auf einmal barmherziger mit denen, die das Leben nicht ganz so gut auf die Reihe kriegen. Das Miteinbeziehen eigenen Erlebens macht barmherziger, hilft, den Ärger über andere zu relativieren.

Früher oder später kommen wir allerdings an einen Punkt, wo wir merken, dass das allein noch zu wenig ist. Wir wollen mehr. Wir wollen, dass Kränkungen uns nicht länger kränken. Wir suchen nach einem Ausgleich. Vier denkbare Möglichkeiten des Ausgleichs bieten sich an:

Möglichkeit Nr. 1: Wie du mir, so ich dir

In vielen gekränkten Menschen meldet sich der Racheimpuls: »Menschen müssen spüren, was sie mir angetan haben.« Davids Sohn Absalom brachte seinen Halbbruder Amnon um, weil der seine Schwester vergewaltigt hatte; die Familienehre sollte wiederhergestellt werden (2. Samuel 13). In dem Racheimpuls steckt nicht nur der Wunsch, es unliebsamen Menschen heimzuzahlen, wir wollen gleichzeitig sicherstellen, dass sich das, was uns so wehgetan hat, nicht wiederholt. Wir vergelten, um unsere innere Balance, unsere Integrität wiederherzustellen. Und wir fühlen uns in aller Regel moralisch gut dabei.

Aber es gibt ein Problem mit der Vergeltung. Vergeltung hat immer die Tendenz zur Maßlosigkeit. Wann habe ich erfahrenes Unrecht eigentlich genug vergolten? Wir lassen uns in der Vergeltung oft von unseren Emotionen überrollen. Wir verletzen den Verletzer und lösen damit neue Verletzungen aus. Die Moral, auf die wir so stolz sind, bleibt dabei auf der Strecke. Wer Rachegefühlen unkontrolliert nachgibt, darf sich nicht wundern, dass ihm die Dinge aus dem Ruder laufen.

Möglichkeit Nr. 2: Wie du mir, so ich mir

Es gibt Menschen, die versuchen, die Kränkung kleinzuhalten, indem sie sich erst gar nicht gegen Kränkungen wehren. Wut und Ärger richten sie gegen einen selbst. David klagt: »*Ich bin niedergeschlagen und hilflos, im tiefsten Herzen verletzt. Mein Leben gleicht einem Schatten am Abend, der bald in der Dunkelheit verschwindet. Ich bin wie eine Heuschrecke, die man vom Arm abschüttelt. Vom vielen Fasten zittern mir die Knie, ich bin nur noch Haut und Knochen.*« (Psalm 109,22–24)

David frisst den ganzen Ärger in sich hinein. Die Kränkung schlägt ihm auf den Magen. Er kann nichts mehr essen. Der große David, der dem furchterregenden Goliath die Stirn geboten hat, vergleicht sich mit einer Heuschrecke, die man einfach so vom Arm schüttelt!

Wussten Sie, dass eine Ameise einen Elefanten töten kann? Wenn ein Elefant versehentlich mit seinem Rüssel über eine Ameisenstraße gleitet, kann es passieren, dass sich eine Ameise in seinen Rüssel verläuft und sich an irgendeiner Stelle im Innern des Rüssels festbeißt. Das tut dem Tier wahnsinnig weh. Auch Dickhäuter haben empfindliche Stellen. In der Regel schlägt dann der Elefant wild mit dem Rüssel gegen Bäume und Felsen, um den Quälgeist loszuwerden. Aber je mehr er schlägt, desto fester verbeißt sich die Ameise. Irgendwann beginnt der Rüssel zu bluten und manche Elefanten sind schon an diesen offenen Wunden verendet.

Es gibt so viele »Ameisen«, die sich in uns verbeißen und uns zu Fall bringen: der freundliche Blick, der einem anderen gilt; das unbedachte Wort, das so wehtut; das hinterlistige Spiel, das Vertrauen zerstört … Wir nehmen den Schmerz mit in die Nacht und wachen morgens mit ihm auf. Viele Gekränkte verletzen sich wie der Elefant in unserem Beispiel permanent selbst: »Warum musste es so weit kommen? Warum ist gerade mir das wieder passiert? Wahrscheinlich habe ich es nicht anders verdient. Ich bin an allem schuld.« Was machen wir mit einem Ärger, den wir nicht wollen, der uns aber im Magen liegt? Menschen, die etwas begraben wollen, was in ihnen noch gar nicht gestorben ist, erleben ein blaues Wunder.

Wut und Bitterkeit sind sehr anhänglich. Manchmal redet der Körper, wenn wir das, was uns wehgetan hat, verschweigen wollen. David geht in Psalm 109 einen anderen Weg.

Möglichkeit Nr. 3: Wie du mir, so ich Gott

David schluckt die Wut nicht einfach herunter, er lässt sie auch nicht an seinen Feinden aus. David sagt: »Ich aber bete weiter zu dir.« (Psalm 109,4) Er geht und bleibt mit seiner ganzen Wut und Bitterkeit bei Gott. Wie er das tut, lässt uns den Atem stocken. David klagt Gott nicht nur seine Not. Er lässt sich zu furchtbaren Verwünschungen hinreißen. Eine Kostprobe kann ich uns nicht ersparen: »*Er* (nämlich Davids Feind) *soll nicht mehr lange leben und seine Stellung soll ein anderer bekommen. Seine Kinder sollen zu Waisen werden und seine Frau soll als Witwe zurückbleiben. Ruhelos sollen seine Kinder umherirren und betteln, ihr Elternhaus lass zu einer Ruine verfallen. Seine Gläubiger mögen seinen Besitz an sich reißen und Fremde sollen rauben, was er sich erworben hat. Niemand soll sein Andenken in Ehren halten (…). Er liebte es, andere zu verfluchen – nun soll der Fluch ihn selber treffen!*« (Psalm 109,8–12.17)

Darf man so beten? Was würden Sie machen, wenn in Ihrer Gemeinde jemand so beten würde? Würden Sie diese Person nicht zur

Seite nehmen und sagen: »Hör mal, du bist hier in einer christlichen Gemeinde. Bei uns lieben wir unsere Feinde. So betet man nicht!«?

Das Interessante ist: In den Psalmen wird immer wieder so gebetet.

Und das Unglaubliche ist: Gott macht das offensichtlich gar nichts aus. Er sagt nicht: »Schämst du dich denn nicht, so mit mir zu reden? Du könntest dich auch ein bisschen mehr zusammenreißen.« Nein, Gott hat nichts dagegen, wenn wir bei ihm unsere Wut loswerden wollen. Gott weiß, dass gekränkte Menschen einen Raum brauchen, wo sie mit all den verworrenen, unsortierten Gefühlen sicher sein können. Gott bietet uns im Gebet diesen geschützten Raum an. Er hält unsere Wut nicht nur aus, wir dürfen unsere negativen Gefühle bei ihm loswerden. In Psalm 130,4 finden wir die Formulierung: *»Bei dir ist die Vergebung.«* Wo wir mit all unseren Kränkungen kämpfen, ist noch keine Vergebung. Aber Gott wird mit dem fertig, was uns Not macht.

Als kleiner Junge lag ich manchmal neben Oma im großen Ehebett. Vor dem Einschlafen weinte sie häufiger. Einmal fragte ich: »Oma, bist du krank?« Sie beruhigte mich: »Nein, Junge, ich bete.« Gott nimmt uns solche Klagegebete nicht übel. Er hält unseren Schmerz, unsere Trauer, ja unsere Wut aus. Er vermag zu entsorgen, was uns die Tränen ins Gesicht treibt. Er ist dazu in der Lage, weil er mit seiner Liebe in Vorleistung getreten ist.

Bevor wir etwas für Gott tun können, hat er längst schon etwas für uns getan. Gott hat sich entschieden, unsere Wut und Bitterkeit stellvertretend für uns zu entsorgen. Und indem wir das zulassen, passiert etwas Unbegreifliches: Gott gibt in unsere verletzte Seele etwas hinein, was uns anders mit unseren Verletzungen umgehen lässt. Wir fühlen eine innere Freiheit, die uns aufatmen lässt, obwohl objektiv gesehen alles so ist wie vorher.

Auf einmal nehmen wir die Wirklichkeit um uns herum anders wahr. Derselbe Beter, der eben noch voller Verzweiflung war, betet auf einmal anders. *»Herr, mein Gott, es geht um deine Ehre!«* Und weiter unten: *»Herr, mein Gott, steh mir bei! Hilf mir, ich rechne mit deiner Güte! Lass sie* (nämlich Davids Feinde) *erkennen, dass du es tust, dass* *du, Herr, alles so gefügt hast! Sie verfluchen mich, du aber wirst mich segnen. Sie greifen mich an und werden unterliegen, ich aber werde voll Freude sein. (…) Ich will dem Herrn danken mit lauter Stimme, in der großen Menge will ich ihn preisen! Denn er wird dem Wehrlosen beistehen und ihn retten vor seinen Richtern, die ihn zum Tod verurteilen wollen.«* (Psalm 109,21.26–31) David fühlt auf einmal eine innere Freiheit, die ihn Abstand gewinnen lässt von dem, was ihn verletzen will.

Möglichkeit Nr. 4: Wie Gott mir, so ich dir

Wenn Gott mich aussöhnt mit meinen Kränkungen, dann kann ich Menschen ganz neu begegnen. David hat sich anders als sein Sohn Absalom nicht dazu hinreißen lassen, Wut und Vergeltung in seinem Herzen Raum zu geben. Obwohl Absalom ihm den Thron streitig machte, suchte er bis zum Schluss die Versöhnung mit seinem Sohn. Wo unsere inneren Verletzungen mit Gottes Hilfe ausheilen, können wir gute Gedanken über Menschen denken, die uns wehgetan haben. Aber wir sollten uns keinen Illusionen hingeben: Vergebung ist eine lange Reise, die aus vielen kleinen Schritten besteht. Wir haben auf dem Klinikgelände eine Klagemauer stehen, die Menschen ermutigen möchte, diese Reise anzutreten. Wir müssen immer und immer wieder an die Klagemauer unseres himmlischen Vaters, um uns vor ihm »freizuklagen«.

Mir hat geholfen, was Hermann Bezzel einmal über den Umgang mit schwierigen Menschen gesagt hat: »Du musst in jedem Menschen, auch dem, der schwer zu ertragen ist, einen Menschen sehen, der wie du das Ziel der Mühe Gottes ist. Gott hat es sich was kosten lassen, ihn auf den rechten Weg zu bringen. Gib ihn nicht auf. Du musst lernen, die guten Seiten zuerst zu sehen. Wenn du sie nicht siehst, dann bedenke, wie bejammernswert ein solches Leben ist. Bete und lass nicht ab zu bitten, auch wenn du keine Kraft zum Tragen hast. Das Gebet erschließt dir selbst da noch Möglichkeiten, wo du längst keine mehr siehst.«

7. »Ich halte es nicht mehr aus – ich lasse mich scheiden«

K. und J. sind seit neun Jahren verheiratet. Sie haben zwei gesunde Kinder. Sie leben in einem schmucken Einfamilienhaus. Vor dem Haus steht ein neuer Audi. K. engagiert sich im Ortsbeirat, J. hilft in der Gemeinde, so gut sie kann. Die beiden haben es geschafft. So denken viele. Aber hinter verschlossenen Türen geht es anders zu. K. und J. haben sich auseinandergelebt. Immer wieder kommt es zum Streit über Kleinigkeiten: Die Hemden sind nicht gebügelt, die Zeitung liegt auf dem Frühstückstisch, der Rasen ist noch nicht gemäht. Nach neun Ehejahren wissen beide genau, wie sie sich wehtun können. Um Streit zu entgehen, flieht K. in die Arbeit, J. zieht sich immer mehr zurück. Als K. eines Tages von einer Geschäftsreise zurückkommt, liegt ein Zettel auf dem Tisch: »Ich halte es nicht mehr aus. Ich lasse mich scheiden. Bin mit den Kindern bei meiner Mutter. Du hörst von meinem Anwalt.«

Die Geschichte von K. und J. ist leider kein Einzelfall. Menschen, die sich einmal das Jawort gegeben haben, halten es nicht mehr miteinander aus, gehen auseinander. Die Eheschließungen haben sich seit 1950 praktisch halbiert, die Scheidungen dagegen verdoppelt. In der evangelischen Kirche wurde von einigen Theologen bereits vorgeschlagen, die unzeitgemäße Trauformel »Bis dass der Tod euch scheidet« gegen die Formulierung »Solange es gut geht« auszutauschen.

Aber darf ein Christ sich einfach scheiden lassen, wenn es in der Ehe nicht mehr rundläuft? Markus 10,2–9 nimmt uns mit hinein in die Gedanken, die Jesus über die Ehe gedacht hat: *»Und Pharisäer traten hinzu und fragten ihn, ob es einem Mann erlaubt sei, sich von seiner Frau zu scheiden, und versuchten ihn damit. Er antwortete aber und sprach zu ihnen: Was hat euch Mose geboten? Sie sprachen: Mose hat zugelassen, einen Scheidebrief zu schreiben und sich zu scheiden. Jesus aber sprach zu ihnen: Um eures Herzens Härte willen hat er euch dieses Gebot geschrieben; aber von Anfang der Schöpfung an hat Gott sie geschaffen als*

Mann und Frau. Darum wird ein Mann seinen Vater und seine Mutter verlassen und wird an seiner Frau hängen und die zwei werden ein Fleisch sein. So sind sie nicht mehr zwei, sondern ein Fleisch. Was nun Gott zusammengefügt hat, soll der Mensch nicht scheiden.«

Jesus zeigt uns in diesem Abschnitt, was Gott uns mit der Ehe schenken will. Er macht aber auch deutlich, dass Ehe immer auch gefährdete Ehe bleibt und dass das, was Gott uns schenken will, verspielt werden kann. Jesus lehrt uns, Partnerschaft gewissermaßen aus einer mehrdimensionalen Perspektive zu sehen.

Warum ist das wichtig? Nun, viele sehen das, was die Bibel uns über die Ehe lehrt, aus einer eindimensionalen Perspektive: »Gott ist für die Ehe. Wer aus der Ehe aussteigt, kann Gott nicht auf seiner Seite haben.« Das ist nicht ganz falsch, es ist aber auch nicht ganz richtig. Ich möchte uns ermutigen, die Ehe aus einer dreidimensionalen Perspektive zu sehen:

Perspektive Nr. 1: Die Schöpfungsordnung Gottes

Die Ehe ist eine großartige Idee Gottes. Gott ist auf Beziehungen aus. Er will mit dem Menschen verbunden sein. Die Bibel sagt: *»Gott schuf den Menschen zu seinem Bilde.«* (1. Mose 1,27) Frei übersetzt: Er schuf sich ein Gegenüber. Und er hat sich gedacht: Was mir gefällt, darf auch dem Menschen gefallen. *»Es ist nicht gut, dass der Mensch allein sei.«* (1. Mose 2,18) Der Gott, der die Beziehung zum Menschen will, will auch die Beziehung von Mann und Frau: *»Darum wird ein Mann seinen Vater und seine Mutter verlassen und seiner Frau anhangen und sie werden sein ein Fleisch.«* (1. Mose 2,24) Dieses Bibelwort beschreibt drei grundlegende Elemente partnerschaftlichen Leben, die fest im Wesen und Willen Gottes verankert sind.

Element 1: Ganzheitlichkeit
Die Bibel sagt, dass Mann und Frau *»ein Fleisch«* sein werden. »Fleisch« kann man auch einfach mit »Mensch« übersetzen. Mann

und Frau sollen als Menschen eins sein. Mann und Frau schenken einander ganz – mit ihrem Körper, ihrem Willem und ihren Gefühlen. Die partnerschaftliche Liebe hat nach der Schöpfungsordnung Gottes immer eine ganzheitliche Dimension.

Element 2: Exklusivität
Die Bibel sagt, dass der Mann *»seiner Frau anhangen«* wird. Dies ist nicht gemeint im Sinne von »Anhängsel«, sondern es bedeutet, dass der Mann sich seiner Frau dauerhaft zugehörig fühlt. Die partnerschaftliche Liebe ist von Gott nicht als eine Momentaufnahme gedacht. Sie reift an gemeinsam durchgestandenen Höhen und Tiefen. Liebe ist auf Dauer angelegt. Miteinander leben schweißt zusammen. Wer versucht, Blätter, die aneinanderkleben, zu trennen, der macht viel kaputt. Gott möchte Mann und Frau dieses schmerzvolle Erleben ersparen. Die partnerschaftliche Liebe braucht Verlässlichkeit und Treue. Nur dann kann sie ihre Qualität voll entfalten.

Element 3: Öffentlichkeit
Die Bibel sagt, dass der Mann *»seinen Vater und seine Mutter verlassen«* wird. Das Verlassen der Herkunftsfamilie macht den Weg frei für die neue, partnerschaftliche Beziehung. Es ist gleichzeitig ein öffentlicher Akt. Im alten Israel wurden intime Partnerbeziehungen neben rechtsgültigen öffentlichen Vereinbarungen nicht geduldet (5. Mose 22,13 ff.). Liebe, die es ehrlich meint, hat nichts zu verbergen. Sie kann öffentlich gelebt werden. In einem öffentlich-rechtlichen Rahmen ist gerade der schwächere Partner vor den Grenzüberschreitungen des Stärkeren wirkungsvoller geschützt.

Es gibt in der Bibel nicht ein eindeutig zu beschreibendes Modell von Ehe, aber es gibt so etwas wie konstitutive Elemente einer gottgewollten Paarbeziehung. Und diese Elemente sind: Ganzheitlichkeit, Exklusivität, Öffentlichkeit und Unauflöslichkeit. Jede partnerschaftliche Lebensform, die sich auf Gott beruft, muss sich an diesen Elementen messen lassen.

Aber nun gibt es in der Bibel nicht nur die Perspektive der Schöpfungsordnung Gottes. Es gibt auch die Perspektive der gefallenen Welt, der Welt nach dem Sündenfall.

Perspektive Nr. 2: Die gefallene Welt

In England erzählt man sich die skurrilsten Geschichten. Eine geht so: Ein Elefant und eine Ameise verlieben sich. Und wie das so ist in der Liebe: Es kommt zu einer leidenschaftlichen Nacht. Am anderen Morgen wacht die Ameise auf und stellt mit Entsetzen fest: Ihr Geliebter hat die Nacht nicht überlebt, der Elefant ist tot. Nachdenklich schüttelt sie den Kopf: »Das kannst du vergessen mit der großen Liebe. Eine romantische Nacht – und den Rest des Lebens musst du ein Grab für deinen Ex buddeln.« Wie desillusionierend! Am Anfang »Honeymoon«, dann nur noch »Gras fressen« und »sich immer wieder durchbeißen«. Keine schöne Vorstellung!

Aber seien wir ehrlich. Vieles, was Gott sich ausgedacht hat, ist in einer Welt nach dem Sündenfall überlagert von der Bruchstückhaftigkeit menschlichen Lebens. Es gibt keine Beziehung, in der Mann und Frau nicht aneinander schuldig würden.

Manche wollen das nicht wahrhaben. Ich denke an Herrn E. Er feierte mit seiner Frau seine silberne Hochzeit. Er hielt eine Tischrede und pries seine Ehe in den höchsten Tönen. Während er redete, saß die Ehefrau teilnahmslos auf ihrem Platz, die Kinder schauten betreten zur Seite. Sie nahmen eine andere Wirklichkeit wahr: Der Ehemann und Vater war selten zu Hause, und wenn, dann kommandierte er die Lieben daheim selbstherrlich herum. Aber irgendwie lernten sie, sich mit den Gegebenheiten zu arrangieren. Der Mann merkte gar nicht, wie sehr seine Frau und seine Kinder unter ihm litten.

Jesus spricht in dem eingangs zitierten Abschnitt von der Hartherzigkeit des Menschen, die Ehen gefährden kann. Im alten Israel konnten Männer ihren Frauen einen Scheidebrief ausstellen, wenn sie etwas »Schändliches« an ihr fanden. Zur Zeit Jesu diskutierten die

Rabbinerschulen, was darunter konkret zu verstehen sei. Die Schule des Schammai sah das »Schändliche« ausschließlich im Ehebruch. Für die Schule des Hillel war es bereits »schändlich«, wenn die Frau das Essen anbrennen ließ oder der Mann ihrer überdrüssig geworden war. Frauen konnten aus nichtigem Anlass einfach weggeschickt werden. Und dann wartete auf sie kein Familiengericht, das die Unterhaltszahlungen organisierte. Viele waren mittellos, sich selbst überlassen.

Die deutliche Warnung Jesu vor Scheidung müssen wir vor diesem Hintergrund sehen. Jesus sah die menschliche Hartherzigkeit, die Liebe zerstören kann. Er wusste: Wir leben nicht mehr im Paradies. Partnerschaftliches Leben ist immer auch konfliktbehaftetes Leben. Die ganzheitliche Liebe, die Gott so wichtig ist, ist gefährdet durch Verhaltensweisen, die zur Entfremdung der Partner führen. Sexualität wird wichtiger als das Gespräch. Ordnungen werden wichtiger als Gefühle, Arbeit wird wichtiger als gemeinsam verbrachte Zeit. Wo Gespräche und Gefühle sterben, wo Paare keine Gemeinsamkeiten mehr pflegen, stirbt die Beziehung.

Auch die exklusive Liebe, von der die Schöpfungsordnung spricht, hat es heute nicht leicht. Sie ist zum Beispiel gefährdet durch die kraft- und zeitraubende Karriere im Berufsleben oder auch durch die emotionale Beanspruchung seitens der Kinder und der älter werdenden Eltern. Und der Trauschein, der in unserer Kultur Ehen öffentlich rechtsgültig macht, taugt auch nicht mehr viel zum Schutz der Ehe. Er verhindert weder unverbindliche Arrangements noch heimliche Affären. Gelingende Partnerschaft ist alles andere als selbstverständlich. Sie ist eine Brücke, an der ein ganzes Leben lang gebaut werden muss – und zwar von beiden Seiten. Wer falsches Baumaterial einsetzt, darf sich nicht wundern, wenn die Brücke einstürzt.

Stichwort Nr. 1: Überhöhte Erwartungshaltungen der Partner aneinander
Mann und Frau tragen bewusst oder unbewusst Bilder in sich, mit denen sie einander überfordern. Es gibt eine interessante Untersuchung. Mit relativ geringem Aufwand erreicht man in Ehen ein Zufriedenheitslevel von 90 Prozent. Für die restlichen 10 Prozent braucht man

den doppelten Aufwand, den man für die 90 Prozent aufgewendet hat. Viele kämpfen für ein Ideal, das sie am Ende überfordert.

Stichwort Nr. 2: Asynchrone Persönlichkeitsentwicklung
Die Beziehung von Mann und Frau ist die Gemeinschaft zweier eigenständiger Persönlichkeiten. Manche suchen in der Ehe das, was ihnen die Herkunftsfamilie mitgegeben hat oder auch schuldig geblieben ist: die starke Schulter, das Sich-um-andere-Kümmern, die Mama, den Papa. Manche bleiben Kinder, ohne dass sie es merken. Ehe ist aber als Gemeinschaft von Erwachsengewordenen gedacht. Jede Auflösung von Eigenverantwortung schafft Konflikte in der Ehe. Funktionierende Ehen bewegen sich immer im Spannungsfeld von Zusammengehörigkeitsgefühl und persönlicher Eigenständigkeit.

Stichwort Nr. 3: Vertrauensmissbrauch
Eine Weide ist schnell abgegrast. Das Gras hinter dem Zaun sieht immer grüner aus. Die Versuchung, außereheliche Beziehungen anzufangen, ist für Paare, die länger zusammen sind, groß, vor allem, wenn sie lange nichts »Saftiges zwischen den Zähnen« hatten. Während bei Männern eher sexuelle Wünsche im Vordergrund stehen (Matthäus 5,28), sehnen sich Frauen vor allem nach Gefühlsaustausch und Verstandenwerden.

Stichwort Nr. 4: Die Unfähigkeit, sich verständlich zu machen
Da klagt die Frau: »Wenn er mich wirklich lieben würde, würde er mir das nicht antun.« Oder der Mann: »Sie müsste doch sehen, was ich brauche.« Paare leiden, aber sie reden nicht darüber. Wer in der Ehe verstanden werden will, muss sich verständlich machen können. Das gemeinsame Gespräch ist für jede gute Beziehung unerlässlich, denn wo das Reden aufhört, hört das Verstehen auf.

Stichwort Nr. 5: Mangelnde Bereitschaft zur Vergebung
Krisen bieten die Chance, sich mit untauglichen Lebensmustern, die einer erfüllten Beziehung im Wege stehen, auseinanderzusetzen

und neues Verhalten einzuüben. Es ist immer ein Geschenk, wenn Menschen, die aneinander schuldig geworden sind, Schritte der Versöhnung wagen. Die Liebe, die von Gott kommt, muss nicht permanent Fehler aufrechnen, bestrafen, heimzahlen. Sie kann vergeben, freisprechen, segnen.

Perspektive Nr. 3: Die erlöste Welt

Gott leidet mit, wenn Menschen betrogen werden. Er möchte Menschen vor Menschen schützen, die Vertrauen leichtfertig missbrauchen. Er möchte Menschen gewinnen für eine Perspektive, die Partner nicht zu Verlierern, sondern zu Helfern macht, die einander Leben ermöglichen. In Jesus Christus hat er die Voraussetzungen dafür geschaffen. Jesus tritt für den himmlischen Vater ein, dass die gute Idee von gelingender Partnerschaft nicht auf der Strecke bleiben muss. Jesus richtet sozusagen die Schöpfungsordnung mit den grundlegenden Elementen gelingender Partnerschaft wieder auf. In der Bibel gibt es viele Familiengeschichten, die von persönlichem Versagen berichten. Denken wir an Abraham, der Saras Magd als Nebenfrau hatte (1. Mose 16,3), oder an David, der einen Nebenbuhler umbringen ließ, um mit dessen Frau zusammenzukommen (2. Samuel 11).

Aber es fällt auf: Menschliche Gemeinschaften werden nicht auf ihre unheilvolle Vergangenheit festgelegt, sondern von den unerhörten Möglichkeiten Gottes gedacht. Gottes Sohn ist gleichzeitig auch der Sohn des Ehebrechers David. Und David ist ein Nachkomme der Hure Rahab. Die Bibel lehrt uns, dass das Abgründige, Unvollkommene in einem Menschenleben nicht das letzte Wort behalten muss. Zwischen dem, was Gott will, und dem, was uns misslingt, steht Jesus, steht die Möglichkeit, noch einmal von vorn zu beginnen. Menschliche Verletzungen dürfen heilen, wo Menschen sich helfen lassen von ihm. Schauen wir in die Evangelien: Da ist die Ehebrecherin, die von Männern, die selbst nicht ohne Sünde sind, vorgeführt wird (Johannes 8). Oder die Frau am Jakobsbrunnen, die viele

Männerbekanntschaften hat, aber keinen, der so richtig ihr Mann ist (Johannes 4). Oder die Frau mit zweifelhaftem Ruf, die in das Haus des frommen Simon platzt (Lukas 7). Jesus hält die Nähe dieser Menschen aus. Er sieht die ungestillten Bedürfnisse hinter dem anstößigen Verhalten. Er will heilen, was verletzt ist.

Aber wir dürfen die Veränderung, die von Jesus ausgeht, nicht perfektionistisch überhöhen. Auch erlöste Menschen finden nicht immer Lösungen, die alle Probleme aus der Welt schaffen. Der Theologe Julius Schniewind weist darauf hin, dass da, wo Jesu Weisung, an der Ehe festzuhalten, zur Gesetzgebung wird, das Unheil oft vergrößert wird.

Ich denke an eine Frau, die regelmäßig von ihrem Ehemann gegen ihren Willen zum Geschlechtsverkehr gezwungen wurde. Ihre Freundin hatte ihr zum Stillhalten geraten, denn eine Frau dürfe sich ihrem Mann nicht entziehen, das stehe schon in der Bibel. Die Frau war nach dieser »biblischen Unterweisung« hochgradig suizidgefährdet.

Manchmal bietet uns das Leben keine einfachen Lösungen an. Wir haben nur die Wahl zwischen mehreren unbefriedigenden Optionen und müssen uns für eine Option entscheiden, die uns nach bestem Wissen und Gewissen am wenigsten unbefriedigend erscheint. Es kann sich lohnen, an einer krisengeschüttelten Beziehung festzuhalten. Ehekrisen können aber auch zur Trennung führen. Scheidung ist aber nicht der Königsweg. Viele Geschiedene nehmen ihre Verletzungen mit in die neue Beziehung. Fast 80 Prozent heiraten wieder. Die Scheidungsquote bei Wiederverheirateten liegt bei über 60 Prozent. Wir dürfen aus Notordnungen, die Gott in einer Welt der Hartherzigkeiten zulässt, keine Grundordnung machen. Notordnungen entsprechen nicht dem Schöpfungswillen Gottes. Sie ordnen lediglich das in Unordnung geratene Leben.

Wir sollten Menschen Mut machen, die heilende Begegnung mit Gott zu suchen. Gott kann helfen, Schritte in ein versöhntes Leben zu wagen (1. Korinther 7,10.11). Auch wenn die Schritte klein sind, bringen sie Menschen häufig weiter als eine in Unversöhnlichkeit vollzogene Scheidung.

Erst die Zusammenschau von Schöpfung, Sündenfall und Erlösung erschließt uns einen brauchbaren Leitfaden für das partnerschaftliche Leben. Wer Partnerschaft nur von der Schöpfung her denkt, überfordert sich und seinen Partner. Er geht über das hinaus, was in einer Welt nach dem Sündenfall für Mann und Frau lebbar ist. Wer Partnerschaft nur vom Sündenfall her denkt, bleibt hinter dem zurück, was Gott sich für ein erfülltes Miteinander von Mann und Frau ausgedacht hat. Wer Partnerschaft von der Erlösung her denkt, fordert sich weder zu viel noch zu wenig ab. Er weiß um Scheitern und Neuanfang, um Schuldigwerden und Vergebung, um Verletzung und Heilung. In einer Welt nach dem Sündenfall wird es konfliktfreie Partnerschaft nicht geben, aber in einem Klima der Offenheit und Wertschätzung können Menschen für die guten Gedanken Gottes, die Gott über Partnerschaft denkt, gewonnen werden.

8. »Ich stehe permanent unter Strom – ich fühle mich wie in einem Hamsterrad«

Herr S. plante eine Sightseeingtour. Am Abend vor der Reise ging er noch einmal alles durch: Abfahrtszeiten, Tickets, Smartphone – hatte er auch wirklich an alles gedacht? Am Reiseziel angekommen, checkte er schnell noch mal die Mails. Gerade noch rechtzeitig erreichte er den Treffpunkt zur Stadtführung. Während der Stadtführer versuchte, der Gruppe Sehenswürdigkeiten nahezubringen, musste er über die Rede nachdenken, die er demnächst in seiner Firma zu halten hatte. In Gedanken formulierte er schon einmal die Einleitung. Auf einmal bemerkte er, dass er seine Reisegruppe aus den Augen verloren hatte. »Egal«, dachte er sich, »dann esse ich erst einmal was.« Er suchte das nächstbeste Speiselokal auf und bestellte ein Omelette, aber noch bevor das Essen da war, überkamen ihn Zweifel, ob das für ihn das Richtige sei – nach allem, was man so las über gesunde Ernährung. Hätte er nicht doch lieber Forelle nehmen sollen? Während er mit einem Obstschnaps versuchte, sein schlechtes Gewissen hinunterzuspülen, fiel ihm ein, dass er versprochen hatte, seine Freundin anzurufen. Er nahm sein Handy und stellte fest, dass der Akku leer war. Na ja, es blieb ohnehin nicht mehr viel Zeit, bis sein Zug fahren würde. Abgehetzt, aber doch noch rechtzeitig im Zugabteil, schloss er die Augen: »Endlich! Endlich kann ich meinen freien Tag genießen!« Plötzlich schreckte ihn eine vertraute Stimme auf: »Dieee Fahrkarten bitte!« Tja, die hatte er im Speiselokal vergessen. So ein Pech aber auch!

Es gibt Menschen, die stehen immer unter Strom. Sie können nicht mehr richtig abschalten. Sie werden ihre innere Anspannung nicht los – auch am Wochenende nicht.

In der Bibel findet sich eine interessante Geschichte. Jesus ist zu Gast bei zwei Frauen. Die eine ist permanent damit beschäftigt, ihm Gutes zu tun, ihn zu bedienen; die andere setzt sich einfach hin und hört ihm zu: »*Als Jesus mit seinen Jüngern weiterzog, kam er in ein Dorf, wo er bei einer Frau aufgenommen wurde, die Marta hieß. Maria, ihre*

Schwester, setzte sich zu Füßen von Jesus hin und hörte ihm aufmerksam zu. Marta aber war unentwegt mit der Bewirtung ihrer Gäste beschäftigt. Schließlich kam sie zu Jesus und fragte: ›Herr, siehst du nicht, dass meine Schwester mir die ganze Arbeit überlässt? Sag ihr doch, dass sie mir helfen soll!‹ Doch der Herr antwortete ihr: ›Marta, Marta, du bist um so vieles besorgt und machst dir so viel Mühe. Nur eines aber ist wirklich wichtig und gut! Maria hat sich für dieses eine entschieden und das kann ihr niemand mehr nehmen.‹« (Lukas 10,38–42)

Sind Sie ein Marta-Mensch? Marta-Menschen wollen vorbereitet sein, wenn Gäste kommen: sauber machen, Kuchen backen, Kaffee kochen, den Tisch decken. Es ist schön, von Gastgebern empfangen zu werden, die sich Mühe geben. Welcher Gast will schon in einem Raum empfangen werden, der ihn an sein eigenes Schlafzimmer kurz nach dem Aufstehen erinnert? Aber manchmal ist viel eben zu viel, und weniger wäre mehr. Marta hat das Gespür für das verloren, was angemessen ist. Vielleicht hätte es eine »Kleinigkeit« auch getan, aber Marta reicht das nicht. Die Worte, die der Text verwendet, um ihr Verhalten zu beschreiben, machen das deutlich: Sie ist *»unentwegt (…) beschäftigt«* und *»um so vieles besorgt«*, macht sich *»so viel Mühe«.* Wo liegt eigentlich das Problem der Marta-Menschen?

Beobachtung Nr. 1: Marta-Menschen stehen unter einem inneren Zwang

Sie sind Getriebene. Sie müssen tun, was sie sich vorgenommen haben. Sie müssen Ordnung in das Chaos, Struktur in das Ungeordnete bringen. Unvorhergesehenes beunruhigt, wenig Perfektes ist peinlich. Wenn Gäste kommen, reicht es nicht, wenn das Wohnzimmer einigermaßen aufgeräumt ist. Nein, alles muss picobello sein. Es reicht nicht, wenn ein paar Kekse auf dem Tisch stehen, nein, es muss schon der selbst gebackene Kuchen mit dem ganz besonderen Etwas sein. Der Gast ist König, und er soll sich auch so fühlen.

Das Problem haben Marta-Menschen nicht nur, wenn sie Gäste

empfangen. Achten wir einmal darauf, wie oft wir uns selbst reden hören: »Ich muss das jetzt schnell noch machen.« Im Grunde genommen ist schon vorher klar, dass das »jetzt schnell noch« wieder einmal eine kleine Ewigkeit dauern wird. Es gibt einfach zu viel zu tun. Marta-Menschen tragen ihre Armbanduhr wie Handschellen.

Warum lassen wir uns eigentlich so gern gefangen nehmen von der Arbeit? Karl Otto Pöhl, der ehemalige Präsident der Deutschen Bundesbank, hat einmal gesagt: »Als Deutscher muss man überarbeitet wirken, um ernst genommen zu werden.«

Ich erinnere mich, dass ich früher des Öfteren spätabends noch Licht im Büro des Leiters eines christlichen Werkes brennen sah. Ich habe damals gedacht: »Was für ein bewundernswerter Mensch! Wenn es doch nur mehr Menschen mit einer solchen Arbeitseinstellung gäbe!« Ich kam gar nicht auf die Idee zu denken: »Der Mann braucht Hilfe! Er ist ein Getriebener. Er kann nicht loslassen.« Hand aufs Herz: Bedauern wir Menschen, die viel zu tun haben? Oder empfinden wir für diese Menschen nicht eher versteckte Bewunderung?

Beobachtung Nr. 2: Marta-Menschen können nicht mehr genießen

Sie können nur noch leisten, abspulen, aktiv sein, aber sie können nicht mehr genießen, entspannen, still sein. Eigentlich brauchen sie Entlastung, aber sie wissen nicht wie. Sie sehnen sich nach Freizeit, aber sie wissen nicht, wie sie ihre Freizeit sinnvoll gestalten könnten. Sie leben in gefüllten Beziehungsräumen und bleiben doch häufig mit sich allein.

Ich erinnere mich, dass wir einem verdienten Mitarbeiter in der Gemeinde, in der ich früher tätig war, einmal einen Gutschein für ein Candle Light Dinner mit seiner Frau überreicht haben. Jahre später traf ich seinen Sohn und irgendwie kamen wir auf diesen Gutschein zu sprechen. Er sagte: »Du, der ist bis heute nicht eingelöst. Meinen Eltern haben für so etwas keine Zeit. Schade – oder?« Für viele Marta-Menschen ist Essengehen vertane Zeit. Und wenn sie es doch tun, dann holen sie noch beim Nachtisch den Terminkalender mit der Bemerkung aus der Tasche: »Ach übrigens, was ich noch mit dir abklären wollte …«

Und ein weiteres Problem haben Marta-Menschen:

Beobachtung Nr. 3: Marta-Menschen fühlen sich allein gelassen

Marta beklagt sich bei Jesus über ihre Schwester: »Ist das denn okay, Jesus, ich lauf mir hier die Hacken ab und die sitzt einfach rum. Jetzt sag doch auch mal was.« Marta-Menschen suchen Bündnispartner, die ihnen bestätigen, wie viel sie vorgelegt haben und wie sehr andere noch im Rückstand sind. Sie merken gar nicht, dass sie in der Falle sitzen. Sie ziehen mit ihrer Tüchtigkeit Menschen und Aufgaben an, über die sie sich am Ende nur noch aufregen können. Marta-Mamas beten gern: »Lieber Herr Jesus, sag doch endlich mal meinem Sohn, dass er sein Zimmer aufräumen soll. Ich bin es leid, immer hinter ihm herzuräumen.« Marta-Papas beten: »Jesus, sag doch mal meinem Chef, dass ich es bin, der den Laden zusammenhält. Ich mache Überstunden, kümmere mich um Kollegen, arbeite nach, was andere liegen lassen.«

Aber anstelle der erwarteten Gebetserhörung gibt es von Jesus die kalte Dusche: »Müsst ihr so viel tun, dass ihr euch anschließend ärgert, dass andere so wenig tun? Muss das alles so sein?« Es geht doch auch anders. Stress, der uns fertigmachen will, hat immer auch mit Entscheidungen zu tun, die wir treffen. Maria hat einen anderen Weg »gewählt« (so wörtlich in Lukas 10,42). Marias Beispiel zeigt Ich kann mich auch dafür entscheiden, die Arbeit liegen zu lassen. Ich darf mich einladen lassen, dem zuzuhören, der gekommen ist, etwas für mich zu tun. Ich darf »zu Füßen von Jesus« sitzen, um eine neue Orientierung für mein Leben zu gewinnen.

Bernhard von Clairvaux, der charismatische Führer der hochmittelalterlichen Christenheit, schrieb dem viel beschäftigten Papst einmal ins Gewissen: »Es ist viel klüger, du entziehst dich von Zeit zu Zeit deinen Beschäftigungen, als dass sie dich ziehen und dich nach und nach an einen Punkt führen, an dem du nicht landen willst. Du fragst, an welchen Punkt? An den Punkt, wo das Herz hart wird. Frage nicht weiter, was damit gemeint sei; wenn du jetzt nicht erschrickst, ist dein Herz schon so weit.« Gott möchte uns das Arbeitstempo vorgeben. Gott möchte, dass wir unsere Zeit in seine Hände legen. Warum fällt es uns oft so schwer, Dinge liegen zu lassen?

Antwort Nr. 1: Arbeit macht Spaß
Es gibt Menschen, die arbeiten für ihr Leben gern. Sie schuften nicht für das neue Auto, den Mallorca-Urlaub oder um den neuen Chef zufriedenzustellen. Sie arbeiten, weil sie sich langweilen, wenn sie nicht herausgefordert werden. Ihnen fällt die Decke auf den Kopf, wenn sie nicht für irgendetwas gebraucht werden.

Antwort Nr. 2: Es gibt Unangenehmeres als Arbeit
Mit Arbeit kann ich Defizite in anderen Bereichen ausgleichen, zum Beispiel Unterlegenheitsgefühle oder Probleme mit Nähe und Gefühlsaustausch. Es gibt Menschen, die stürzen sich lieber in die Arbeit, als sich auf die emotionalen Unwägbarkeiten der Beziehungswelt einzulassen. Arbeit wird zum gesellschaftlich anerkannten Alibi, wenn Anklage gegen nicht wahrgenommene Aufgaben in Ehe und Familie erhoben wird. Neulich sagte eine Patientin: »Wenn es um praktische Arbeit geht, ist mein Mann immer ansprechbar, aber als ich ihn fragte, ob er mit mir ein Seminar über ›Kommunikation in der Ehe‹ besuchen will, hat er sich einfach umgedreht.«

Antwort Nr. 3: Arbeit stillt die Sehnsucht nach Anerkennung und Bestätigung
Wir alle wollen ernst genommen werden. Wir sind stolz, wenn man uns eine gute Leistung bescheinigt. Wenn es um Arbeitsleistung geht, dann ist uns die Bewertung »Reißt Bäume aus« lieber als »Reißt Kalenderblätter ab«. Wer etwas leistet, ist etwas. Die Schulterklopfer nehmen zu, das »Standing« verändert sich. Das alles ist schön und

angenehm, aber ist es auch notwendig? Und wenn es das ist: Welche Not wendet es? Dass ich meinen Status, meinen Komfort, meine Ansprüche aufrechterhalten kann?

Wir hatten zu Hause vor Jahren eine kleine Auseinandersetzung. Mein Sohn präsentierte stolz wie Oskar sein Schulzeugnis und verlangte eine Belohnung. Sein Argument war kaum zu widerlegen: »Alle in unserer Klasse kriegen Geld für gute Noten.« Belohnung und Anerkennung sind gut, aber sind sie das nur, wenn ein Kind etwas Außergewöhnliches geleistet hat? Braucht nur das fleißige Kind Zuwendung?

Das Zusammenspiel von Arbeit und Leistung hat noch eine andere problematische Seite: Wer sagt mir, wie viel Arbeit nötig ist, um die gewünschte Anerkennung zu bekommen? Manche haben das Maß verloren und arbeiten bis an die Grenze ihrer Kraft, um anderen zu gefallen. Die Angst zu versagen, die Angst, nicht ernst genommen zu werden, lässt sie nicht mehr zur Ruhe kommen. Am Ende steht nicht die Anerkennung, sondern das Ausgebranntsein.

Stephen Covey, amerikanischer Erfolgsautor, zitiert in seinem Bestseller »Die 7 Wege zur Effektivität« einen Forscher, der einen Teil seines Lebens damit zugebracht hat, erfolgreiche Menschen zu studieren. Unter anderem ist er der Frage nachgegangen: Was unterscheidet einen erfolgreichen Menschen von einem weniger erfolgreichen? Was ist sozusagen die Kerneigenschaft neben vielen anderen Eigenschaften, die erfolgreiche Menschen haben? Er hat herausgefunden: Erfolgreiche Menschen tun die wichtigsten Dinge zuerst! Erfolgreiche Menschen organisieren ihr Leben um Prioritäten herum. Sie reagieren nicht einfach nur. Sie haben tief im Herzen verwurzelt Prinzipien und Werte, für die sie leben wollen. Und dem ordnen sie alles andere nach. Covey sagt: »Wenn du kein größeres Ja im Herzen trägst, ist es nahezu unmöglich, Nein zu sagen.« Dann wirst du nur noch gelebt von dem, was dir vor die Füße fällt, was dringlich ist, aber nicht immer wirklich wichtig. Jesus stellt klar: Maria hat es richtig gemacht. Sie trägt ein »größeres Ja« im Herzen. Sie nimmt sich Zeit und hört zu.

Arbeit ist wichtig. Ich darf mich auf sie einlassen. Aber manchmal ist es noch wichtiger, die Arbeit liegen zu lassen, Einkehr zu halten, Prioritäten neu zu ordnen. Manchmal ist es wichtig, dem zuzuhören, der gekommen ist, etwas für uns zu tun. Wenn wir immer in Bewegung sind, werden wir ihn nicht hören. Es ist wie mit einem See. Nur wenn er ganz ruhig ist, spiegelt sich in ihm die Schönheit des Lebens.

Es geht in der Geschichte von Maria und Marta nicht um ein Entweder-oder: Hören oder Tun, Aktivsein oder Stillsein. Es geht um die Frage, wie wir beides sinnvoll miteinander vernetzen können. Es geht um die Frage, ob wir als ruhelose Existenzen noch zur Einkehr, zum Hören kommen, damit aus unserem Hören wieder ein gesegnetes, stressfreies Tun wird. Anders ausgedrückt: Es geht darum, was wir die Mitte unseres Lebens sein lassen. Gott will verlässlicher Ruhepunkt sein, an dem sich unser Leben in bewegter Zeit ausrichten darf. Gott will das Arbeitstempo vorgeben. Wir müssen uns nicht hetzen lassen. Gott will, dass »ge-füllte« Zeit wieder »er-füllte« Zeit wird. Gott will, dass wir uns immer wieder darauf besinnen, was wirklich wesentlich ist: die Gemeinschaft mit ihm, die Begegnungen mit Menschen, die gesunde Ausbalancierung unseres Lebens.

In Amerika hat man in Anlehnung an die Anonymen Alkoholiker ein Zwölfpunkteprogramm für Workaholics entwickelt. Die Kernaussage ist ein schönes Wortspiel: »Let go and let God!« – »Lass los und überlass es Gott!« Gott möchte uns zeigen, was zu tun und was zu lassen ist. Ohne Loslassen und ohne sich ganz Gott zu überlassen, geht es nicht.

Die Japanerin Toki Miyaschina hat in Anlehnung an Psalm 23 für sich einen neuen Psalm geschrieben: »Der Herr gibt mir für meine Arbeit das Tempo an. Ich brauche nicht zu hetzen. Er gibt mir immer wieder einen Augenblick der Stille, eine Atempause, in der ich zu mir komme. Er stellt mir Bilder vor die Seele, die mich sammeln und mir Gelassenheit geben. Oft lässt er mir mühelos irgendetwas gelingen und es überrascht mich selbst, wie zuversichtlich ich sein kann. Ich merke: Wenn man sich diesem Herrn anvertraut, bleibt das Herz ruhig. Obwohl ich viel zu viel Arbeit habe, brauch ich doch den Frieden nicht zu verlieren. Er ist in jeder Stunde da und in allen Dingen, und so verliert alles andere sein bedrohliches Gesicht. Oft – mitten im Gedränge – gibt er mir ein Erlebnis, das mir Mut macht. Das ist, als ob mir einer eine Erfrischung reichte, und dann ist der Friede da und eine tiefe Geborgenheit. Ich spüre, wie meine Kraft dabei wächst, wie ich ausgeglichen werde und mir mein Tagewerk gelingt. Darüber hinaus ist es einfach schön, zu wissen, dass ich meinem Herrn auf der Spur bin und dass ich, jetzt und immer, bei ihm zu Hause bin.«

9. »Ich helfe gern anderen Menschen«

Frau B. wohnt in einer Altenwohnanlage. Für viele ihrer Mitbewohner ist sie eine beliebte Ansprechpartnerin. Frau B. erzählt: »Ich helfe gern anderen Menschen, aber mein Sohn sagt, ich solle das lassen, dafür gebe es professionelle Helfer. Die Menschen tun mir aber leid. Warum soll ich mich nicht um sie kümmern?«

Unter all den Geschichten, die als Vorbild für den Dienst am kranken Menschen dienen, ist die Geschichte vom barmherzigen Samariter sicherlich so etwas wie eine Modellgeschichte. In ihr gibt es drei handelnde Personen, die für drei unterschiedliche Helfergruppen stehen, die sich in der Regel um bedürftige Menschen kümmern.

Da ist zum einen ein Levit. Leviten waren flexibel einsetzbare diakonische Mitarbeiter. Im alten Israel übernahmen sie Pfortendienste (1. Chronik 16,42b) und Verwaltungsaufgaben (2. Chronik 19,11), sie kümmerten sich um Ablauf und Organisation des Betriebs (4. Mose 18,2–6.21–23), sie waren für die Tempelmusik verantwortlich (1. Chronik 16,42a). Bekannt waren Leviten auch dafür, dass sie anderen gern die Leviten lasen – sie redeten Menschen eindringlich ins Gewissen, wenn sie sich danebenbenahmen.

Dann ist da ein Priester. Priester waren Leviten mit Sonderstatus. In diesen exklusiven Kreis konnte im alten Israel nur jemand kommen, wenn er nicht nur ein Nachkomme Levis, sondern auch ein Nachkomme Aarons war. Priester waren gewissermaßen die Edel-Leviten. Während die Leviten sich um das ganze Drumherum zu kümmern hatten, waren die Priester für das Kerngeschäft der Spiritualität verantwortlich: beten, opfern, predigen.

Und dann ist da noch ein Samariter. Einen Samariter als Freund zu haben war in Israel nichts Erstrebenswertes. Das hatte geschichtliche Gründe. Samariter waren Nachfahren von Juden, die sich mit »Ungläubigen« eingelassen hatten. Sie spielten theologisch und gesellschaftlich in einer anderen Liga als die Priester und Leviten.

Jesus fragt am Ende des Gleichnisses: »*Wer von diesen dreien, meinst du, ist der Nächste geworden dem, der unter die Räuber gefallen war?*« (Lukas 10,36) Das Überraschende ist: Es ist nicht der Priester und nicht der Levit. Es ist der Samariter. Die Experten, die für den Dienst am Nächsten optimal ausgebildet scheinen, machen um den unter die Räuber Gekommenen einen großen Bogen. Wörtlich heißt es: »*Sie wichen zur entgegengesetzten Seite aus.*« (Lukas 10,31.32) Anders der Samariter. Er kümmert sich um den Menschen, der Hilfe braucht. Was macht den Unterschied aus? Worin unterscheidet sich der Samariter von den anderen?

Beobachtung Nr. 1: Samariter-Liebe heißt, den ersten Schritt auf den Bedürftigen zuzugehen

Der unter die Räuber Gefallene ist in keiner guten Verfassung. Er kann nicht mehr aufstehen. »*Halb tot*« liegt er danieder, sagt der Bibeltext; mit anderen Worten: Das Leben ist gerade dabei, sich von ihm zu verabschieden.

Viele Patienten, die ich in der Klinik begleitet habe, fühlen sich wie »unter die Räuber gefallen«. Man hat ihnen die Menschenwürde und Selbstachtung gestohlen. Sie fühlen sich ausgeplündert, fallen gelassen, vergessen. Stellen wir uns für einen Moment vor, wir seien nicht der unter die Räuber Gefallene, sondern der, der das Elend sieht. Wie würden wir uns verhalten? Die Gefahr ist groß, der Versuchung nachzugeben, dieser unangenehmen Situation auszuweichen. Mir fallen viele Gründe ein, an diesem Elend vorbeizugehen, und manche sind so gut, dass ich ihnen blind vertraue.

Ich kann mich hinter meiner Theologie verstecken. Ich kann sagen: »*Was der Mensch sät, das wird er ernten.*« (Galater 6,7) Ich bin nicht verantwortlich für die Probleme anderer. Ich kann vorgeben, der Aufforderung des Paulus zu folgen: »*Lasst uns Gutes tun an jedermann, zuallererst aber an des Glaubens Genossen.*« (Galater 6,10) Der unter die Räuber Gefallene ist kein Glaubensgenosse. Ich kann sagen:

»Ich mach mir doch meine Hände nicht schmutzig.« Das jüdische Gesetz verbietet die Berührung von Toten. Sie macht unrein; und als solcher müsste ich meinen Dienst gleich quittieren.

Ich kann mich hinter meiner Wichtigkeit verstecken. Ich kann sagen: »Ich kann mich doch nicht um alles kümmern. Wichtige Termine warten auf mich. Ich werde woanders gebraucht. Der Herr bedarf meiner.« Der letzte Satz steht – fast wörtlich – tatsächlich in der Bibel, aber der Textzusammenhang macht deutlich: Hier geht es um einen Esel (Matthäus 21,3). Ich kann mich herausreden mit dem Satz: »Ich habe keine Zeit.« Ehrlicher wäre, zu sagen: »Für so etwas habe ich jetzt keine Zeit.« Für das, was uns wichtig ist, haben wir immer Zeit, und wen wir warten lassen und wen nicht, das entscheiden wir immer noch gern selbst.

Ich kann mich auch hinter meiner Bedürftigkeit verstecken. Helfer sind auch nur Menschen. Oft sind es ja ganz menschliche Gründe, die dazu führen, dass wir andere links liegen lassen. Da ist die Angst: »Wer weiß, was alles auf mich zukommt, wenn ich helfe?« Würden Sie spontan einem Menschen zu Hilfe eilen, der von einem Jugendlichen in der U-Bahn belästigt wird? Da ist die Sorge: »Erste Hilfe ist ja kein Problem, aber wer weiß, ob ich aus der Nummer wieder herauskomme? Ich muss auch an mich denken.«

In der Ausbildung zum seelsorgerlichen Helfer lernt man, wie wichtig es ist, sich abgrenzen zu können. Aber vielleicht müssen wir wieder etwas ganz anderes lernen. Das Weggehen ist schon wichtig. Aber das Helfen beginnt nicht mit Weggehen. Das Weggehen steht am Ende des Helfens, nicht am Anfang. Helfen beginnt damit, dass ich erste Schritte auf den Hilflosen zugehe.

Beobachtung Nr. 2: Samariter-Liebe heißt, die Wunden des Bedürftigen zu versorgen

Ist Ihnen das auch aufgefallen? Der Samariter redet gar nicht, jedenfalls wird uns nicht überliefert, was er zu dem Verletzten gesagt hat. Aber er packt an, er bringt den Verletzten dahin, wo er weiter versorgt werden kann. Jemand hat mir einmal eine Karte geschenkt. Darauf ist zu lesen: »Der wahre Freund ist der, von dem man ohne Worte verstanden wird.«

Wir treffen heute viele »unter die Räuber Gefallene« an, die für Worte nicht mehr zugänglich sind. Viele, die an Depressionen leiden, kennen das Problem. Sie hören Worte, aber diese Worte kommen nicht mehr an. Sie kommen nicht mehr an, weil sie sich abgenutzt haben. Sie haben sich abgenutzt, weil wir das, was wir hören, uns schon tausendmal selber gesagt haben. Wenn ich einem unter die Räuber Gefallenen helfen will, ist es manchmal besser, liebevolle Gesten als Worte sprechen zu lassen.

Eine Patientin, die an einer schweren Depression litt, erzählte von einer älteren Diakonisse, die ihr immer wieder kleine, selbst gepflückte Blumensträuße auf den Nachtschrank stellte. »Das hat meiner Seele gutgetan«, sagte sie. Später hat sie dann – im übertragenen Sinne – selber Blumen für Patienten gepflückt. Sie hat Lieder für die Patienten gesungen, jeden Samstagmorgen, über einen Zeitraum von zehn Jahren.

Zum Helfen gehört aber nicht nur die gelebte Zuwendung, sondern auch das Loslassen. Die Geschichte vom barmherzigen Samariter macht deutlich: Jesus verlangt nicht, dass wir Menschen, die unsere Hilfe brauchen, ein ganzes Leben lang mit uns herumschleppen. Aber wir können »unter die Räuber Gekommene« bis zur nächsten Herberge tragen. Die Herberge ist für mich ein Bild für einen geschützten Raum, wo Gott heilend eingreifen kann. Als Helfer muss ich mir vor Augen halten: Ich kann nicht heilen, aber ich kann einen wichtigen Beitrag zur Gesundung des Bedürftigen leisten. Ich kann *Öl auf die Wunden gießen,* was vielleicht das Gegenteil von dem ist, wenn wir selbiges ins Feuer gießen. Ich kann Erste Hilfe leisten und *Wunden verbinden,* jemanden ausreden oder weinen lassen oder auch einfach nur Fruchtbonbons verschenken, wie das ein ehemaliger Chefarzt der Klinik gemacht hat. Ich kann ihn *auf mein Reittier heben* und ihn *in die Herberge bringen,* also jemanden an einen sicheren Ort bringen, wo Heilung möglich ist. Ich kann all diese Samariterdienste tun, aber heilen kann Gott allein. Es gibt nichts Schlimmeres als Helfer, die sich für unersetzlich halten. Der barmherzige Samariter leistet professionell Erste Hilfe, aber er überfordert sich nicht. Er nimmt fremde Träger in Anspruch: Esel und Wirt. Er findet die Mitte zwischen Hingabefähigkeit und Abgrenzung.

Beobachtung Nr. 3: Samariter-Liebe heißt, hineinzugehen in die finsteren Augenblicke des Bedürftigen

Vom Samariter heißt es: *»Als er den Verletzten sah, hatte er Mitleid mit ihm.«* (Lukas 10,33) Mitleid ist eigentlich zu wenig, um zu beschreiben, was in dem Samariter vorging: In ihm »drehen sich die Eingeweide um« (so die eigentliche Bedeutung), so tief wird er vom Schicksal des unter die Räuber Gefallenen berührt. Man kann kein barmherziger Samariter sein, ohne sich vom Schicksal der Menschen berühren zu lassen. Wenn Menschen andere Menschen in ihrem Herzen anrühren können, dann hat das nicht nur etwas mit Begabung zu tun, sondern auch mit Biografie. »Eingeweide«, sagt Anselm Grün, »sind der Ort der verwundbarsten Gefühle.« Helfen wie ein Samariter bedeutet, sich verletzlich machen zu können. Ich halte diese Befähigung für eine Helfer-Kernkompetenz. Ist Ihnen das auch aufgefallen? Der Priester und der Levit tun sich schwer mit dem Mitleidhaben. Vielleicht hat es in ihrem Leben nicht so viele Brüche wie im Leben des Samariters gegeben. Samariter sind in gewisser Weise selbst unter die Räuber Gekommene. Die Juden verachteten sie. Sie wurden mit ihrer Frömmigkeit nicht ernst genommen, als Halbfromme, als Sektierer stigmatisiert. Menschen, die Zugang zu ihrer eigenen Bruchstückhaftigkeit haben, können anders helfen. Im Buch Jesaja erfahren wir über den Gottesknecht: *»Er war der Allerverachtetste und Unwerteste, voller Schmerzen und Krankheit. (…) Durch seine Wunden sind wir geheilt.«* (Jesaja 53,3.5) Nur der verwundete Helfer kann helfen. Nur wer Kontakt zu seiner eigenen Gebrochenheit hat, kann sich in die Gebrochenheit anderer einfühlen.

Experten werden einwenden: Muss der professionelle Helfer nicht auch Distanz wahren? Distanz hat im Prozess des Helfens immer eine Bedeutung, aber in all den Jahren, in denen ich mit Seelsorge zu tun habe, habe ich herausgefunden: Ein persönlicher Zugang ist nicht möglich ohne das Risiko gelebter Nähe, ohne das Sicheinlassen auf den Schmerz des anderen. Wir sind es gewohnt, uns festlegen zu lassen auf die Rollen, die wir zu spielen haben. Der Geistliche predigt, der Arzt entscheidet über Medikamente, der therapeutische Mitarbeiter begleitet den therapeutischen Prozess, der Mitarbeiter in der Verwaltung verwaltet. Aber ein Mitarbeiter in einem therapeutischen Setting ist mehr als das, was er tut. Wenn der bedürftige Mensch in mir mehr sieht als meine Funktion, meinen Job, dann kann ich mich mit ihm auf einer tieferen Ebene verständigen. In einer persönlichen Begegnung klingen wir durch, sind wir offen und transparent voreinander, ohne taktische Winkelzüge, ohne manipulierende Autorität. Persönliche Begegnungen haben immer etwas Heilendes.

Jesus sagt: *»Selig sind die geistlich Armen.«* (Matthäus 5,3) Er sagt nicht: Selig sind die, die sich um die geistlich Armen kümmern. Wenn wir zusammenkommen in gemeinsamer Armut, in gemeinsamer Verletzlichkeit, dann können wir geben und empfangen. Vielleicht müssen wir uns auch an der einen oder anderen Stelle abgrenzen, aber wir sind füreinander Personen, Menschen, die nicht etwas anderes sein wollen, als sie sind.

Jesus hat uns dieses Gleichnis erzählt, um deutlich zu machen: Er selbst ist der barmherzige Samariter. Er will für uns das sein, was wir anderen sein können. Wenn wir an die Räuber denken, die auf uns warten, dürfen wir uns jetzt schon damit trösten: Jesus verdrückt sich nicht, er geht hin, er verbindet, er trägt und sorgt sich um uns. Er geht hinein in unsere finsteren Augenblicke. Und wer diese Nähe spürt, der darf auch anderen der Nächste sein.

10. »Ich fühle mich als Einzelkämpfer überfordert«

Herr A. ist Pastor. »Ich bin erschöpft. Alle wollen was von mir«, klagt er sein Leid. »Aber wenn ich mich einbringe, ist mein Engagement nicht gut genug. Das Beziehungsfeld meiner Gemeinde gleicht einem Minenfeld. Einige Gemeindeglieder sind in Machtkämpfe verstrickt. Andere ziehen sich unverstanden zurück, wieder andere machen einfach ihr Ding und lassen sich nichts sagen. Ich bin mit den Nerven am Ende. Ich fühle mich als Einzelkämpfer komplett überfordert. Ich fühle mich von den anderen schachmatt gesetzt.«

Spielen Sie gern Schach? Als ich ein kleiner Junge war, hat mir mein Onkel das Schachspielen beigebracht. Und manchmal komme ich mit den Schachfiguren ins Gespräch. Sie müssen jetzt nicht besorgt sein. Ich spreche nicht von einer psychotischen Episode. Ganz im Gegenteil: Das Gespräch mit den Schachfiguren ermöglicht gesunde Einsichten. Das Schachspiel lehrt mich Lebensweisheiten, die für unser Zusammenleben wichtig sind. Was sind das für Lebensweisheiten?

Weisheit Nr. 1: Wir alle sind unverwechselbare Figuren

Wie im wirklichen Leben, so gibt es auch im Schachspiel ganz unterschiedliche Figuren. Im Schachspiel gibt es zum Beispiel acht Bauern. Das »Standing« der Bauern ist nicht besonders hoch. Dafür gibt es eine Reihe von Gründen. Ihr Aktionsradius ist begrenzt. Sie lieben die kleinen Schritte. Sie bewegen sich immer nur in eine Richtung. Aus ihrem gewohnten Trott kommen sie eigentlich nur, wenn ihnen eine gegnerische Figur zu nahe rückt. Dann allerdings können Bauern ziemlich unangenehm werden. Entweder sie blocken einfach ab oder sie agieren schräg, was beim Gegner zu unangenehmen Verlusten führt. Bauern werden gerne »geopfert«. So ein Bauernopfer macht dann den Weg frei für spielstärkere Figuren. Aber so manch ein Spieler hat sich schon verzockt. Je länger das Spiel dauert, desto wichtiger werden Bauern. Es gibt nicht wenige Schachspiele, die durch einfache Bauernmehrheiten entschieden werden.

Oder da ist der Läufer. Was beim Bauern die Ausnahme ist, ist bei ihm die Regel. Er kommt immer schräg. Seine Flankenläufe sind gefürchtet und sorgen beim Gegenspieler permanent für Unruhe. Dennoch sind Läufer gut auszurechnen. Für sie gibt es immer nur schwarz oder weiß. Man kann sich darauf einstellen, was dazu führen kann, dass eine an sich wertvolle Figur manchmal wirkungslos bleibt. Läufer haben Stärken in der Absicherung der ganz wichtigen Figuren im Spiel. Vor allem Könige lieben sie wegen ihrer Linientreue. Steht ein König auf dem gleichen Farbfeld wie der Läufer, ist er gut geschützt.

Der Springer ist die unberechenbarste Figur im Schachspiel. Bei ihm muss man immer um die Ecke denken. Der Springer zieht ein oder zwei Felder gerade und ein oder zwei Felder um die Ecke, und das in jede Richtung. Wer jetzt nicht verstanden hat, wie der Springer sich bewegt, der hat das Problem erfasst. So richtig weiß man eigentlich nie, wo man mit ihm dran ist. Er ist die einzige Figur im Schachspiel, die sich über andere Figuren hinwegsetzen kann. Das macht ihn unberechenbar. Manchmal schafft er es sogar, König und Dame mit einem Zug zu bedrohen. Dann sieht der Gegenspieler ziemlich alt aus.

Große Stärken hat auch der Turm, aber nur, wenn man ihm Freiheiten lässt. Leider versperren ihm oft Figuren aus der eigenen Mannschaft den Weg, sodass er seine Stärken selten ausspielen kann. Türme müssen lange auf ihre Chance warten. Über weite Strecken des Spiels bleiben sie Randfiguren. Ihr Beitrag für ein konstruktives Angriffsspiel kommt erst dann, wenn sich das Spielfeld gelichtet hat. Dann aber zeigen sie als »Turm in der Schlacht«, was in ihnen steckt.

Die Figur mit dem größten Potenzial ist die Dame. Sie ist beweglich nach allen Seiten und nahezu unbegrenzt in ihrer Reichweite. Für viele Schachspieler gilt die Dame als unersetzlich. Verliert man die Dame, ist das Spiel so gut wie gelaufen, obwohl man auch ohne Dame Spiele gewinnen kann.

Denn die wichtigste Figur im Spiel ist nicht die Dame, sondern der König. Um ihn dreht sich alles. Ist der König verloren, ist das Spiel verloren. Meistens steht der König nur passiv herum und bindet andere Figuren, die sich um ihn kümmern müssen. Tut man das nicht, hat das meistens fatale Folgen. Gegner nutzen die ungeschützte Deckung und bieten Schach. Deshalb geben Könige, um nicht im »Schachmatt« zu enden, nicht gern ihre Deckung auf, sondern verschanzen sich hinter anderen Figuren.

Schachfiguren sind wie unterschiedliche Menschentypen, die unsere kleinkarierte Welt herausfordern. Sie können bereichern, aber auch durcheinanderbringen. Da sind die Bauern-Typen, die die kleinen Schritte lieben. Mit solchen Typen hat man in der Regel nicht viel Stress. Sie sind einfach zu führen. Man weiß, wo man dran ist. Aber zu viel darf man nicht von ihnen erwarten. Ich denke, wir alle kennen Menschen, die am liebsten alles so lassen wollen, wie es ist, die schnell abblocken, wenn Veränderungen anstehen.

Oder da sind die Läufer-Typen, die nur schwarz-weiß denken. Haben sie eine Überzeugung gewonnen, dann sind sie schwer von ihrer Meinung abzubringen. Ihr Leben findet im Entweder-oder statt. Entweder man ist weltlich oder geistlich eingestellt oder man ist fachlich kompetent oder christlich engagiert. Läufer-Typen fehlen Weite und Unabhängigkeit. Wir haben es im Leben oft mit Wirklichkeiten zu tun, in denen nicht Schwarz-Weiß, sondern Abstufungen von Grau die Regel sind. Läufer-Typen sind auf diese Wirklichkeit schlecht vorbereitet.

Da sind die Springer-Typen, die unberechenbar sind. Sie sind immer für Überraschungen und die unkonventionelle Handhabung von Herausforderungen gut. Man weiß nie, wo man dran ist bei ihnen.

Da sind die Turm-Typen, die toll sind, und kaum einer merkt es. Turm-Typen haben es nicht leicht. Irgendwie kommen sie nicht richtig in die Gänge. Immer stehen andere im Weg. Aber es gibt eine gute Nachricht für Turm-Typen: Abwarten! Die Zeit der Türme kommt spät, aber sie kommt. Am Ende des Spiels werden die Räume größer für die, die abwarten können.

Da sind die Dame-Typen, die unersetzlich sind. Wenn sie nicht mehr im Spiel sind, geht in der Regel nicht mehr viel. Aber wir sollten uns im Leben nicht nur an Dame-Typen orientieren. Man kann im Schach wie im Leben auch ohne die »grande dame« gewinnen. Ohne Dame können die anderen endlich zeigen, was in ihnen steckt.

Und schließlich sind da noch die die Königs-Typen, um die sich alles drehen muss. Sie sieht man selten auf dem offenen Feld. Sie verschanzen sich gern in ihren gut geschützten Räumen. Die Sonderstellung des Königs ist vom Erfinder des Schachspiels durchaus gewollt. Aber kein König kann das Spiel allein gewinnen. Königs-Typen sollten sich überlegen, ob es wirklich immer sinnvoll ist, die eigenen Kräfte in der Defensive zu binden. Im Schach ist es wie im Leben: Gewinnen kannst du nur, wenn du die anderen machen lässt und die Deckung öffnest.

Wir Menschen sind wie Schachfiguren. Anders ist nicht besser oder schlechter, anders ist einfach nur anders. Wir werden auch in der Bibel ermutigt, Vielfalt unter uns zuzulassen. Das macht besonders das Bild vom Leib Christi deutlich. Paulus sagt: »*Auch der Leib ist nicht ein Glied, sondern viele.*« (1. Korinther 12,14) Aber Vielfalt, wie Paulus sie versteht, ist nicht Vielfalt in Beliebigkeit, sondern Vielfalt in Einheit!

Weisheit Nr. 2: Wir sind mit unseren Schwächen und Stärken auf Ergänzung angelegt

Jeder kann etwas, was der andere nicht kann. Der Bauer muss nicht die ganze Breite des Schachbrettes nutzen, das können andere Figuren besser. Im Schach gewinnt nie die einzelne Figur, sondern immer nur das gut abgestimmte Kollektiv. Ein guter Schachspieler berechnet mehrere Schachzüge im Voraus. Und in diese Berechnungen sind vom Bauern bis zum König die unterschiedlichsten Figuren mit hineingenommen. Wer nur auf Angriff setzt und die Deckung vernachlässigt, muss damit rechnen, dass Gegenspieler die offene Flanke ausnutzen und Schach bieten. Wer nur mauert und die starken Kräfte in der Defensive bindet, kann nur gewinnen, wenn andere Fehler machen.

Die Darmstädter Wissenschaftlerin Claudia Groß hat eine preisgekrönte Studie vorgelegt, was erfolgreiche von weniger erfolgreichen Unternehmen unterscheidet. Ihr Fazit: Der Schlüssel liegt im Umgang mit Menschen. Wenn die Beziehungen nicht stimmen, nützt das beste Qualitätsmanagement nichts. Der Schlüssel zum Erfolg liegt in der guten Abstimmung der Stärken und Schwächen derer, die auf dem Spielfeld des Unternehmens zum Einsatz kommen. Keine Figur ist unwichtig, jede wird gebraucht, auch die, die uns auf den ersten Blick nicht so wertvoll erscheint.

Nehmen wir den Bauern. Er ist die einzige Figur, die vom Spieler gegen eine Figur seiner Wahl eingetauscht werden kann; und zwar immer dann, wenn der Bauer es schafft, die gegnerische Grundlinie zu erreichen. Gute Unternehmen wissen, was sie an ihren »Bauern« haben. Paulus sagt: »*Vielmehr sind die Glieder des Leibes, die uns schwächer erscheinen, die nötigsten.*« (1. Korinther 12,22)

Nehmen wir den Springer als Beispiel. Er ist vielleicht nicht so verlässlich wie andere. Aber seine Sprunghaftigkeit hat immer etwas Überraschendes. Mit Springer-Typen an der Seite ist das Leben anstrengend, aber nie langweilig. Leisten wir uns in unseren Teams solche Typen? Oder sind nur Kopien von dem erlaubt, was schon da ist?

Und was ist mit den Turm-Typen? Dürfen sie zeigen, was sie können? In von Königen kontrollierten Spielen sind die Bewegungsräume für Türme eher eng. Das ist schade, denn so ein »Turm in der Schlacht« steht jedem Unternehmen gut zu Gesicht.

Wir müssen nicht alles können. Jeder von uns kann etwas, was der andere nicht kann. Wir brauchen eine Kultur der gelebten Wertschätzung der Vielfalt unter uns. Keiner muss sich hinter dem anderen verstecken. Wir alle haben unseren festen Platz im Spiel des Lebens. Aber was zu sein und was zu können muss nicht unbedingt heißen, dass wir uns mit unserer Rolle zu wichtig nehmen.

Weisheit Nr. 3: Wir sind wie Schachfiguren in Gottes Hand

Auch die bedeutendste Figur kann das Spiel nicht ohne den Schachspieler gewinnen. Wir sind Figuren in einem Spiel, von dem ein anderer mehr versteht als wir. Der Schachspieler wacht über die Spielfelder unseres Lebens. Er steht sozusagen über unserer Kleinkariertheit. Seine Schachzüge folgen einem genialen Plan. Er weiß, mit welcher Figur und welcher Strategie sein Plan am besten umzusetzen ist. Er weiß übrigens auch, dass wir nicht jedes Spiel gewinnen können. Manchmal geht ein Spiel remis aus, manchmal geht eine Partie verloren. Wir dürfen aus allem, was wir auf dem Schachbrett des Lebens nicht verstehen, ein Gespräch mit Gott machen und ihm sagen: »Jetzt bist du am Zug. Wir wissen nicht, wie es weitergeht, aber wir wissen, dass du Menschen so bewegen kannst, dass deine Sache vorangeht. Wir wissen, dass alle, die uns mattsetzen wollen, ins Leere laufen und uns am Ende alle Dinge zum Besten dienen müssen.«

11. »Meine Gebete werden nicht erhört«

»Sie glauben ja gar nicht, Herr Grund, um was ich Gott schon alles ge-beten habe! Ich habe das Gefühl: Ich rede – und keiner hört mir zu. Ich kann nicht mehr glauben, dass meine Gebete erhört werden. Der Himmel ist für mich wie zugenagelt.«

Kennen Sie das? Sie stehen bei Aldi an der Kasse. Ein Mann drängelt von hinten und schiebt sich an der Warteschlange vorbei, bis er vor der verdutzten Kassiererin steht. Unverschämt, oder? Und was passiert? Der Typ wird auch noch höflich bedient. Oder: Sie sind mit dem Auto unterwegs. Es geht nur schleppend voran. Stop-and-go auf der Autobahn. Auf einmal sehen Sie, wie Sie ein Auto auf der Stand-spur überholt. Das geht doch nicht! Eine Standspur ist doch keine Überholspur! Oder: Sie sitzen im Wartezimmer und warten auf Ihren Termin beim Arzt. Noch vier Patienten, dann sind Sie endlich dran. Auf einmal macht eine Frau, die nach Ihnen gekommen ist, Thea-ter. Sie bestürmt die Sprechstundenhilfe, sie quengelt in einer Tour, sie gibt einfach keine Ruhe. Und was geschieht? Diese Person wird tatsächlich zum Arzt durchgewunken. Ärgern Sie sich auch manch-mal über Menschen, die sich einfach nehmen, was sie wollen – ohne Rücksicht auf andere? Ich schon. Ich habe mich schon oft über unver-schämtes Verhalten geärgert.

Es liegt schon einige Jahre zurück. Ich war zur Weiterbildung in den Vereinigten Staaten. Dort erfuhr ich, dass meine Mutter verstor-ben war. Ich buchte sofort einen Flug nach Deutschland. Im Flugzeug kam dann die Meldung, dass der Flughafen in Düsseldorf gesperrt sei, Kabelbrand. Keiner konnte sagen, wann der Flughafen wieder angeflogen werden durfte. Wir landeten erst einmal in Brüssel und warteten. Ich war nicht der Einzige, der einen wichtigen Termin in Düsseldorf hatte. Schließlich ließ sich die Fluggesellschaft dazu über-reden, ein Großraumtaxi zu organisieren, das die, die am stärksten unter Zeitdruck standen, nach Düsseldorf fahren sollte. Die Anzahl der Plätze war begrenzt. Ich hatte Glück. Wegen der bevorstehenden Beerdigung ließ man mich mitfahren. Andere hatten nicht so viel Glück. Ich erinnere mich an einen jungen Mann, dem man sagte, er müsse wie die anderen warten. Aber er wollte das nicht akzeptieren. Er machte ein Riesentheater. Er inszenierte sich in einer peinlichen Mischung aus Aufdringlichkeit und Wichtigkeit und verwickelte die Mitarbeiter der Fluggesellschaft in nicht enden wollende Dialoge, die eher Monologe waren. Alle waren nur noch genervt. Und was passierte? Am Ende saß dieser unsympathische Querulant mit mir und den wenigen Auserwählten im Taxi. Und ich habe so bei mir gedacht: Frechheit siegt!

Jesus ermutigt uns, uns an der Unverfrorenheit von Quenglern und Dränglern ein Beispiel zu nehmen: »*Wie wichtig es ist, unermüdlich zu beten und dabei nicht aufzugeben, machte Jesus durch ein Gleichnis deutlich: ›In einer Stadt lebte ein Richter, dem Gott und die Menschen gleichgültig waren. In derselben Stadt lebte auch eine Witwe. Diese bestürmte ihn Tag für Tag mit ihrer Not: Verhilf mir doch endlich zu meinem Recht! Lange Zeit stieß sie bei ihm auf taube Ohren, aber schließlich sagte er sich: Mir sind zwar Gott und die Menschen gleichgültig, aber diese Frau lässt mir einfach keine Ruhe. Ich muss ihr zu ihrem Recht verhelfen, sonst wird sie am Ende noch handgreiflich.‹ Und Jesus, der Herr, erklärte dazu: ›Ihr habt gehört, was dieser ungerechte Richter gesagt hat. Wenn schon er so handelt, wie viel mehr wird Gott seinen Auserwählten zum Recht verhelfen, die ihn Tag und Nacht darum bitten! Wird er sie etwa lange warten lassen? Ich sage euch, er wird ihnen schnellstens helfen. Die Frage ist: Wird der Menschensohn, wenn er kommt, auf der Erde überhaupt noch Menschen mit einem solchen Glauben finden?‹*« (Lukas 18,1–8)

Frechheit siegt! Hätten wir uns getraut, bei so einem unsympathischen Richter immer und immer wieder mit demselben Anliegen vorstellig zu werden? Ziehen wir uns nicht eher zurück, wenn wir spüren, wir stören? Ganz anders die Frau in unserem Gleichnis. Sie lässt sich nicht abwimmeln. Sie hat ihre Gründe. Sie steht mit dem Rücken zur Wand. Sie ist partnerlos – kein Mann, mit dem sie gemeinsam die Dinge durchkämpfen kann. Sie ist schutzlos – keiner sorgt dafür, dass sie zu ihrem Recht kommt. Sie ist mittellos – keine materielle Absicherung, die ihr Sicherheit geben könnte. Witwen lebten damals von der Armenfürsorge. Sie hat im Grunde genommen alles verloren, was Menschen im Leben Halt geben kann. Wer nichts mehr hat, hat auch nichts mehr zu verlieren. Die Frau heult dem Richter die Ohren voll: »Mein Recht geht vor die Hunde. Jetzt kümmere dich endlich um mich!« Und am Ende wird die Frau für ihre Beharrlichkeit, ihren langen Atem belohnt. Was will Jesus uns mit dieser Geschichte sagen?

Beobachtung Nr. 1: Wir dürfen unerhört beten

Jesus sagt: Wenn schon diese arme Frau vor einem unsympathischen Richter Recht bekommt, »*wie viel mehr wird Gott seinen Auserwählten zum Recht verhelfen, die ihn Tag und Nacht darum bitten!*« Die Witwe pfeift auf die Etikette, setzt sich über Anstandsregeln hinweg. Sie will unbedingt, dass man ihr Gehör schenkt. Wir müssen nicht brav die Hände falten, Gott in angemessener Köperhaltung und Sprache anreden. Wir dürfen das, was uns unter den Nägeln brennt, auch mal unkontrolliert herauslassen. Wir dürfen Gott herausfordern. Ich finde Menschen, die die Selbstkontrolle verlieren, sich über Anstandsgrenzen hinwegsetzen, anstrengend. Aber Gott macht das offensichtlich nichts aus. Er hat Verständnis, wenn wir ihm immer und immer wieder die Ohren vollquengeln.

Gott ist nicht der »Gute Opa total taub«. Er sitzt nicht mit dem Hörrohr in seinem Schaukelstuhl, wo er von dem, was uns bewegt, nichts mehr mitbekommt. Gott ist ein »*Vater der Waisen und ein Helfer der Witwen*« (Psalm 68,6). Er weiß, dass es uns manchmal so ergehen kann wie der Witwe in unserem Gleichnis. Er weiß, dass das Leben uns nicht immer gut mitspielt. Auch wir müssen uns immer wieder von Menschen verabschieden, mit denen wir Leben geteilt haben – oft schon, bevor diese Menschen sterben. Auch wir kennen Situationen, wo unser Recht vor die Hunde geht. Auch wir wollen in unserem Schmerz gehört werden. Jesus weiß, dass unsere Bedürftigkeit uns zum Bittsteller macht. Wer mit dem Rücken zur Wand steht, hat nichts zu verlieren. Wir werden ausdrücklich ermutigt, fordernd zu bitten. Er hört uns zu – Tag und Nacht, rund um die Uhr.

Ich denke an Abraham, der als Bittsteller für Sodom antritt: »Verschone diese Stadt, Gott, es könnten noch Gerechte in der Stadt sein« (1. Mose 18). Als Gott zunächst wenig Einsehen zeigt, wird Abraham aufdringlich. Er bittet und bettelt so lange, bis Gott endlich nachgibt. Um was immer wir auch Gott bitten, es kann nicht unverschämt genug sein. Gott hört unsere »unerhörten« Gebete! Mose betet – und das Rote Meer teilt sich (2. Mose 14). Daniel betet – und den Löwen wird das Maul gestopft (Daniel 6). Die Urgemeinde betet – und die Kerkertüren öffnen sich für Petrus (Apostelgeschichte 12). Unsere unerhörten Gebete bleiben nicht ungehört.

Aber warum habe ich das Gefühl, dass meine Gebete nicht gehört werden? Unerhörte Gebete sind nicht nur unverschämte, aufdringliche, fordernde Gebete. Unter unerhörten Gebeten können auch Gebete verstanden werden, die sich für uns so anfühlen, als höre sie niemand.

Beobachtung Nr. 2: Auch unerhörte Gebete können helfen

Zwei Freunde beten um gutes Wetter für einen Ausflug am nächsten Tag. Am nächsten Tag regnet es. »Siehst du«, sagt der eine, »ich wusste es doch gleich: Gott lässt uns wieder mal im Regen stehen. Gott hat unser Gebet nicht erhört.« – »Doch«, sagt der andere. »Gott hört immer, wenn wir beten. Er hat bloß Nein gesagt!«

Gott kann Ja und Nein sagen. Darauf sind wir nicht immer vorbereitet. Wenn wir beten, haben wir in der Regel schon eine klare Vorstellung davon, wie die Gebetserhörung aussehen muss. Wir bitten um etwas und schlagen Gott im selben Moment vor, wie seine Antwort aussehen soll. Wenn die gewünschte Erhörung ausbleibt, schlussfolgern wir: »Gott hört mich nicht. Gott lässt mich einfach im Regen stehen.«

David betet in Psalm 13: »*Herr, wie lange wirst du mich noch vergessen, wie lange hältst du dich vor mir verborgen? Wie lange noch sollen Sorgen mich quälen, wie lange soll der Kummer Tag für Tag an mir nagen?*« Haben wir auch schon einmal so gebetet? »Wie lange noch muss ich auf eine Gehaltserhöhung warten? Wie lange muss ich Single bleiben? Wie lange muss ich mir von meinem Chef alles gefallen lassen?«

Martin Luther hat einmal gesagt: »Wenn nicht geschehen wird, was wir wollen, so wird geschehen, was besser ist.« Dahinter steckt die Erkenntnis, dass wir oft gar nicht wissen, was gut für uns ist, und dass wir Gott immer wieder um Dinge bitten, die uns letztlich gar nicht guttun. Der Segen eines Bittgebets besteht nicht darin, dass wir das Erbetene bekommen, sondern dass wir die Hilfe des himmlischen Vaters erfahren, der uns aus dem, was uns Not macht, »herausretten« kann. Diese Hilfe sieht auf den ersten Blick oft nicht wie etwas aus, was uns wirklich hilft. Aber wenn wir Abstand gewinnen und zurückschauen, erkennen wir, dass Gott seine Hand im Spiel hatte.

Jemand träumte, eine Stimme spreche zu ihm: »Steh auf und geh, ich will dir die Wege Gottes zeigen.« Und er stand auf und folgte dem geheimnisvollen Begleiter. Sie kamen in ein Gasthaus. Der Gastgeber war guter Dinge. »Ich habe mich mit meinem ärgsten Feind versöhnt und zum Zeichen unserer neuen Freundschaft hat er mir einen goldenen Becher geschenkt.« Sie redeten noch lange und machten sich am nächsten Morgen wieder auf den Weg. Sie waren noch nicht weit gegangen, da bemerkte der Mann den goldenen Becher im Rucksack des geheimnisvollen Begleiters. »Du kannst doch nicht einfach den Becher mitgehen lassen, das geht doch nicht.« Der Fremde beruhigte ihn: »So sind nun mal – die Wege Gottes.« Und sie kamen am Abend wieder in ein Gasthaus. Dieses Mal war der Gastgeber nicht so freundlich zu ihnen. Sie beschlossen, noch am selben Abend aufzubrechen. Zum Abschied schenkte der geheimnisvolle Begleiter dem Wirt den goldenen Becher. »Bist du denn von allen guten Geistern verlassen?«, rief der Mann empört. »Erst stiehlst du und dann verschenkst du, was dir nicht gehört.« Und wieder beruhigte ihn der Fremde: »So sind sie nun mal – die Wege des Herrn.« Am anderen Tag trafen sie einen alten Mann, der in einer baufälligen Hütte lebte. Sie blieben eine Zeit lang dort, dann zogen sie weiter. Aber bevor sie weiterzogen, zündete der Fremde die Hütte des alten Mannes an. »Jetzt reicht es aber, die Hütte war alles, was dieser alte Mann besaß, und du fackelst sie einfach ab. Das sollen die Wege Gottes sein?« – »Ja, so sind sie – die Wege Gottes«, antwortete der Fremde. Sie kamen an einen Fluss. Dort lebte ein Fährmann mit seinem Sohn. »Mein Sohn wird euch ans andere Ufer bringen«, sagte der Fährmann. Sie hatten das andere Ufer noch nicht erreicht, da warf der Fremde den Jungen über Bord, sodass er bald nicht mehr gesehen ward. Jetzt gab es bei dem Mann kein Halten mehr. »Fahr zur Hölle mit deinem Gott! Wenn das die Wege Gottes sind, dann kann mir dein Gott gestohlen bleiben!« Plötzlich verwandelte sich der Fremde in einen Engel und sprach: »Der Becher, den ich dem freundlichen Gastgeber wegnahm, war vergiftet. Der unfreundliche Gastgeber, dem ich den Becher schenkte, wird sich an ihm den Tod holen. Der arme Mann wird unter der Asche seines abgebrannten Hauses einen Schatz finden. Und der Fährmann war kein guter Mensch. Sein Sohn war auf dem Weg, noch schlimmer als der Vater zu werden. Sein Tod wird den Vater zur Besinnung rufen. Er wird sein Leben ändern.« Da erwachte der Mann aus seinem Traum und dankte Gott für die wundersamen Wege des Herrn.

Wenn nicht geschehen wird, was wir wollen, wird geschehen, was besser für uns ist. Wenn Gott nicht so eingreift, wie wir das gern hätten, dann ist das keine Schikane. Gott denkt und handelt in größeren Kontexten als wir. Unsere Wahrnehmung ist ausschnitthaft, unser Hörvermögen begrenzt.

Wenn man in einer dunklen Höhle ist, hat man den Eindruck: Wie unheimlich! Was für eine Totenstille! Aber der Schein trügt. Die Höhle ist voller Geräusche, Fledermäuse etwa, die in solchen Höhlen leben, reden miteinander, aber wir bekommen von diesen Gesprächen nichts mit. Sie liegen außerhalb des Frequenzbereiches menschlichen Hörvermögens. Wenn wir Gott nicht hören, heißt das nicht, dass er nicht redet. Gott arbeitet außerhalb unseres Frequenzbereiches, gewissermaßen geräuschlos im Hintergrund. Seine Geräuschlosigkeit ist keine Sprachlosigkeit.

Beobachtung Nr. 3. Wer gehört werden will, muss vertrauen können

Jesus schließt das Gleichnis mit den Worten: »*Die Frage ist: Wird der Menschensohn, wenn er kommt, auf der Erde überhaupt noch Menschen mit einem solchen Glauben finden?*« An Gott scheitert die Gebetserhörung nicht. Gott ist bereit zu helfen. Aber sie könnte an uns scheitern. Sie könnte an uns scheitern, weil wir nicht vertrauen können, dass wir bei Gott Gehör finden. In der Bibel beobachten wir immer wieder das Phänomen, dass für etwas gedankt wird, was noch gar nicht eingetroffen ist. Jesus dankt für die fünf Brote und die zwei Fische, und 5000 Menschen werden satt (Johannes 6,9–12). Jesus steht vor dem Grab des verstorbenen Lazarus und dankt Gott, dass er sein Gebet erhört hat, bevor Lazarus aus dem Grab kommt (Johannes 11,41.42). Wer gehört werden will, muss vertrauen können, dass Gott Gebete erhört.

12. »Ich habe Zweifel,
ob es Gott überhaupt gibt«

»Wissen Sie, Herr Grund«, sagt Herr L., »so viele Jahre bin ich schon dabei. Für vieles in der Gemeinde habe ich den Kopf hingehalten. Wofür eigentlich? Als es mir schlecht ging, war keiner für mich da. Und Gott – hören Sie mir bloß auf mit Gott – Gott hat mich auch im Stich gelassen. Ich habe Zweifel, ob es Gott überhaupt gibt.«

Fragen wir uns nicht auch manchmal: Warum sehen wir so wenig von Gott? Wir haben so viel von ihm gehört, dass er da ist, wenn wir ihn brauchen, dass er tröstet, aufrichtet, umsorgt, aber manchmal scheint er so unendlich weit weg von uns zu sein. Wir spüren nur noch den bitteren Schmerz der Enttäuschung, dass Gott sich unseren aufrichtigen Wünschen verweigert.

Dem Jünger Thomas ging es ähnlich. Johannes schreibt in seinem Evangelium:

»Thomas, einer der zwölf Jünger, der auch Zwilling genannt wurde, war nicht dabei. Deshalb erzählten die Jünger ihm später: ›Wir haben den Herrn gesehen!‹ Doch Thomas zweifelte: ›Das glaube ich nicht! Ich glaube es erst, wenn ich seine durchbohrten Hände gesehen habe. Mit meinen Fingern will ich sie fühlen und meine Hand will ich in die Wunde an seiner Seite legen.‹ Acht Tage später hatten sich die Jünger wieder versammelt. Diesmal war Thomas bei ihnen. Und obwohl sie die Türen wieder abgeschlossen hatten, stand Jesus auf einmal in ihrer Mitte und grüßte sie: › Friede sei mit euch!‹ Dann wandte er sich an Thomas: ›Leg deinen Finger auf meine durchbohrten Hände und sieh sie dir an! Gib mir deine Hand und leg sie in die Wunde an meiner Seite! Zweifle nicht länger, sondern glaube!‹ Thomas antwortete: ›Mein Herr und mein Gott!‹ Da sagte Jesus: ›Du glaubst, weil du mich gesehen hast. Wie glücklich können sich erst die schätzen, die mich nicht sehen und trotzdem glauben!‹« (Johannes 20,24–29)

Wo war Thomas eigentlich, als der Auferstandene das erste Mal den Jüngern begegnete? »*Nicht dabei*«, sagt der Text. Wer nicht dabei ist, hat Gründe. Vielleicht hatte Thomas Wichtigeres zu tun, vielleicht war ihm etwas dazwischengekommen, vielleicht wollte er auch nicht bei einem Ereignis dabei sein, das alte Wunden aufwühlen würde. Was könnten das für Wunden gewesen sein? Thomas fühlte sich nach der Kreuzigung Jesu nicht gut. Was hätte nicht alles mit Jesus werden können! Ein neues Leben, eine bessere Zukunft. Und dann so ein Ende. »*Wir haben den Herrn gesehen!*«, sagten die anderen Jünger. Aber vielleicht kennen Sie das auch? Wenn man mit sich und der Welt fertig ist, dann ist man wenig empfänglich für die Glaubenserfahrungen anderer. Da ist so ein Gefühl: »Gut für euch, aber nicht gut für mich.« Der Zweifel ist zu groß. Thomas sagte: »Ich kann nur glauben, was ich sehe.«

Wie geht Gott eigentlich um mit Menschen, die an ihm zweifeln? Die Thomas-Geschichte gibt wertvolle Antworten.

Beobachtung Nr. 1: Wer glaubt, darf Zweifel haben

Jesus nimmt Zweifler ernst. Jesus fordert uns nicht zum blinden Glauben auf. Er ist kein Prinzipienreiter, der sich hinstellt und sagt: »Du musst glauben. Entweder du glaubst oder fahr mit deinem Unglauben zur Hölle!« Gott weiß, dass Glauben uns nicht immer leichtfällt. Es gibt so vieles, was unser Verstehen und Begreifen übersteigt.

Ich bin immer wieder erstaunt, wie schnell Menschen, die mit Christen zusammenkommen, deren Sprache zu sprechen beginnen. Haben sie wirklich verstanden, was Glaube ist? Ist das wirklich alles so klar, wie Gott diese Welt geschaffen hat, wie er als Kind in der Krippe zu uns Menschen gekommen, wie er am Kreuz gestorben und später auferstanden ist?

Jesus gesteht uns Zweifel zu. Ist Ihnen das auch aufgefallen? Jesus kommt durch die verschlossene Tür. Ein Bild mit Symbolkraft! Er kommt zu den Verschlossenen, zu denen, die davongelaufen sind vor dem Mann am Kreuz, die dichtgemacht haben, die sich verbarrikadiert haben hinter ihren Enttäuschungen und Glaubenszweifeln. Er schreibt uns nicht ab, nur weil wir Einwände haben. Wir müssen nicht gedankenlos übernehmen, was wir nicht verstehen. Der Theologe Adolf Schlatter hat einmal gesagt: »Angst vor dem Denken ist Unglaube.« Wir dürfen Fragen stellen. Fragen zu stellen ist nichts Unanständiges. *»Was kann aus Nazareth Gutes kommen!«*, wehrt der skeptische Nathanael ab (Johannes 1,46). *»Siehe, wir haben alles verlassen und sind dir nachgefolgt; was wird uns dafür zuteil?«*, bricht es aus dem beunruhigten Petrus heraus (Matthäus 19,27).

Der britische Dichter Alfred Tennyson war der Überzeugung: »Aus einem aufrichtigen Zweifel spricht oft ein größerer Glaube als aus dem eifrigen Nachplappern des Glaubensbekenntnisses.« Das Schlüsselwort ist »aufrichtig«. Es gibt auch einen unaufrichtigen Zweifel. Einen Zweifel, der spricht: »Ich kann nur glauben, was ich sehe.« Aber dieser Zweifel will gar nicht zu einer inneren Gewissheit kommen. Er stellt Fragen, um Gott auf Distanz zu halten. Aus einem Zweifel kann sowohl der Unglaube als auch der Glaube sprechen. Der Unterschied ist: Der ungläubige Zweifler hat sich schon vorher festgelegt: Was es nicht geben darf, das kann es auch nicht geben. Aber der gläubige Zweifler will in seinem Zweifel von Gott widerlegt werden. Der russische Schriftsteller Dostojewski schrieb einmal an einen Freund: »Ich will Ihnen sagen, dass ich ein Kind des Zweifels bin und wahrscheinlich bis an mein Lebensende bleiben werde. Und doch quält mich die Sehnsucht nach dem Glauben, die umso stärker ist, je mehr Gegenbeweise sich aufdrängen.«

Bei Thomas ist es ähnlich. Wir sagen gern »der ungläubige Thomas«, aber ich denke, »der gläubige Zweifler« passt besser zu ihm. Thomas möchte gern glauben, aber er ist irgendwie blockiert. Thomas hat ein Problem, das wir alle haben. Wir meinen: Mit Gott kann es nur besser werden. Und dann sind wir überrascht, dass manches ganz anders kommt. Wir würden uns am liebsten alle Unannehmlichkeiten vom Hals halten. Aber Gott hat eine andere Strategie. Gott möchte uns von der Täuschung befreien, dass lebenswertes Leben nur da zu finden ist, wo alles glatt läuft. An Jesus sehen wir, dass es auch

ganz anders laufen kann – kein Leben ohne Leiden, keine Auferste-
hung ohne Kreuz! Thomas tut sich schwer mit diesen Wegen Gottes.
Aber er gibt nicht auf. Dass er glauben will, sehen wir auch daran,
dass es ihn zurück in die Jüngergemeinschaft zieht. In ihm ist die tiefe
Sehnsucht nach einer Erfahrung, die seine Zweifel überwindet. Jesus
nimmt diese Sehnsucht ernst.

Beobachtung Nr. 2: Wer zweifelt, darf Glaubenserfahrungen machen

Es ist gut, wenn wir im Glaubenszweifel nicht alle Brücken hinter
uns abbrechen. Thomas war bei der ersten Ostererfahrung der Jünger
nicht dabei, aber er verschwindet nicht im Schmollwinkel. Er sucht
wieder die Nähe der Gemeinschaft, denn er weiß: In der Gemeinschaft mit anderen ist es leichter, Glaubenserfahrungen zu machen.

Denken wir an die Zusage Jesu: *»Wo zwei oder drei versammelt sind
in meinem Namen, da bin ich mitten unter ihnen.«* (Matthäus 18,20)
Genau das erlebt Thomas. Er erlebt, dass Jesus auf einmal vor ihm
steht. Er steht nicht vor ihm mit der geballten Faust: »Mit dir habe
ich noch ein ernstes Wort zu reden.« Er kommt nicht mit Vorwürfen:
»Wo warst du denn, du ungläubiger Thomas?« Er macht ihn nicht
vor den anderen schlecht: »Nimm dir ein Beispiel an deinen glau-
bensfesten Brüdern.« Jesus kommt mit einem Zeichen und mit einem
Zuspruch. Jesus zeigt sich Thomas mit seinen offenen Wunden und
sein *»Friede sei mit euch!«* gilt auch ihm.

Der gläubige Zweifler braucht nicht Tadel, nicht kluge Argumente,
keine in sich geschlossene Beweiskette: »Schau, Thomas, so – und nur
so – kann es sein.« Nein, der gläubige Zweifler braucht seinen inneren
Frieden. Er will ausgesöhnt werden mit sich selbst. Wer »zwei-felt«,
ist in sich »ent-zweit«, ist uneins mit sich. Der Friede, den Jesus zu-
spricht, stiftet Versöhnung. Versöhnung mit Gott und Versöhnung
mit sich selbst.

Wir haben gehört, dass Thomas in seinem Zweifel den sichtbaren
Beweis einfordert. Aber es sieht so aus, als habe er, nachdem Jesus

zu ihm gesprochen hat, das Zeichen gar nicht mehr nötig. Thomas macht seinen Frieden mit Jesus auch so. Ohne Jesus zu berühren, sagt er: »*Mein Herr und mein Gott!*« Aus dem verborgenen, unnahbaren Gott wird für ihn auf einmal der persönliche Gott, der in sein Leben tritt.

Was ist mit Thomas geschehen? Was hat ihn verändert? Wir wissen es nicht. Wir wissen nur, dass vom Wort Jesu eine besondere Wirkung ausgeht, eine Wirkung, die Menschen verändern kann. Diese Wirkung ist und bleibt ein Geheimnis. Der Dichter Heinrich Heine schreibt über dieses Geheimnis: »Ich verdanke meine Erleuchtung ganz einfach der Lektüre eines Buches – eines Buches? Ja, es ist ein altes, schlichtes Buch (…); ein Buch, das (…) anspruchslos aussieht, wie die Sonne, die uns wärmt, wie das Brot, das uns nährt; ein Buch, das so traulich, so segnend gütig uns anblickt wie eine alte Großmutter (…) – und dieses Buch heißt auch ganz kurzweg das Buch, die Bibel. Mit Fug nennt man diese auch die Heilige Schrift; wer seinen Gott verloren hat, der kann ihn in diesem Buche wiederfinden, und wer ihn nie gekannt, dem weht hier entgegen der Odem des göttlichen Wortes.« Wer Gott verloren hat, kann ihn im Wort Gottes wiederfinden. Auch wenn Sie sich im Moment schwertun mit dem Wort Gottes – geben Sie nicht auf. Suchen Sie weiter die Gemeinschaft der Gläubigen und seien Sie offen für Begegnungen mit dem auferstandenen Herrn. Warum sollte er Sie nicht auch in Ihrer Verschlossenheit aufsuchen, so wie er das bei Thomas getan hat?

Beobachtung Nr. 3: Wer glaubt, muss nicht alles verstehen

Jesus sagt: »*Wie glücklich können sich erst die schätzen, die mich nicht sehen und trotzdem glauben!*« Der Baumeister Christopher Wren erhielt 1689 von der Stadt Windsor den Auftrag, einen Kornmarkt zu bauen. Wren ließ ein freitragendes Gebäude ohne Stützsäulen errichten. Die Ratsherren waren entsetzt. Sie weigerten sich, das Gebäude zur Nutzung freizugeben. Wren beteuerte, das Gebäude sei absolut sicher. Aber der Rat ließ nicht mit sich reden. Wren musste auf Anweisung des Rates zusätzliche Säulen einsetzen, um den schwebenden Teil abzustützen. Jahre später entdeckte man, dass die Pfeiler der nachträglich errichteten Säulen die Decke gar nicht berührten. Wenige Zentimeter unter der Decke waren sie zu Ende. Von unten konnte man das nicht sehen. Der Baumeister hatte den Rat ausgetrickst. Er war so überzeugt von der Stabilität seines Gebäudes, dass er die Säulen nur als Attrappen einsetzen ließ.

Geht es uns nicht manchmal wie den Ratsherren in dieser Geschichte? Wir suchen nach Zeichen und Bestätigungen. Wir suchen nach dem, was unseren Glauben abstützen kann – wie die Ratsherrn der Stadt Windsor, wie Thomas in unserer Geschichte. Und Gott gewährt uns immer wieder solche Zeichen. Thomas darf die Wundmale Jesu sehen. Aber Zeichen, die Gott gewährt, sagen nicht mehr aus als das, was auch ohne sichtbare Zeichen schon gilt. Unser Glaube hat festen Grund. Wir dürfen uns getragen wissen von einer Wirklichkeit, die man nicht sieht und die doch trägt. Ich denke, wir brauchen diese Blickrichtung. Nicht wir tragen den Glauben in uns, sondern der Glaube trägt uns, selbst dann, wenn wir nichts mehr von der Wirklichkeit Gottes sehen können.

Manchmal kommen Patienten zu mir und sagen: »Herr Grund, ich kann nicht mehr glauben, in mir ist so viel Durcheinander und Leere. Ich habe keine Kraft zum Beten, ich lese kaum noch in der Bibel und die Gottesdienste sind mir mehr Last als Freude.« Viele können nicht glauben, dass Gott sie trägt, wenn der eigene Glaube sie nicht mehr tragen kann. Aber genau das tut Gott. Gott trägt uns auch dann noch, wenn alles in uns und um uns herum wegzubrechen scheint. Es gibt so vieles im Leben, was unsere Sicht eintrüben kann, Verlusterlebnisse und Leiderfahrung, Enttäuschungen und Misserfolge. Aber wir müssen uns nicht gefangen nehmen lassen von dem, was Schatten wirft auf unsere Seele. Wir dürfen unseren Blick nach vorn richten. Wir dürfen glauben und vertrauen, dass Gott uns trägt, wenn wir selbst uns nicht mehr tragen können.

Es gibt die Geschichte von dem jüdischen Kantor, der nicht mehr an Gott glauben kann und deshalb das Singen in der Gemeinde einstellen will. Der Synagogendiener rät ihm: »Fahr zu dem weisen Rabbi nach Manhattan, der kann dir bestimmt helfen. Aber pass auf, dass du nicht den falschen Zug erwischst. Wenn du nicht zurechtkommst, frag den Bahnhofsvorsteher.« Und der Kantor kommt nicht zurecht. Auf dem Bahnsteig sieht er einen Mann, der aussieht wie ein Bahnhofsvorsteher. Er fragt nach dem Zug, der nach Manhattan fährt. Der Mann nickt, lächelt und schiebt ihn in einen gerade abfahrenden Zug. Kurze Zeit später merkt der Kantor, dass er im falschen Zug sitzt. Das Abteil ist fast leer. Im hinteren Teil hört er Geräusche. Eine Frau ist dabei, sich aus dem Zug zu stürzen. Der Kantor kann sie gerade noch davon abhalten. Er tröstet sie, beginnt mit ihr zu reden. Und sie erzählt ihre Geschichte. Sie stammt aus Holland, bei der kürzlichen Flucht vor den Nazis ist sie von ihrem Mann und den Kindern getrennt worden, die seitdem verschollen sind. Der Kantor begleitet sie nach Hause, macht ihr Mut, nicht aufzugeben, und kehrt selber mutlos und niedergeschlagen nach Hause zurück. Der Gemeindediener fragt ihn: »Und? Wie war's?« – »Ich war gar nicht beim Rabbi«, sagt der Kantor. »Ich bin im falschen Zug gelandet. So geht es mir immer. Immer lande ich im falschen Zug. Das Leben ist grausam. Alles geht schief. Es hat keinen Sinn mehr.« – »Gib nicht auf«, raten ihm Freunde. »Versuch es noch einmal, das Gespräch mit dem Rabbi bringt dir bestimmt etwas.« Am späten Nachmittag steht der Kantor wieder auf dem Bahnsteig. Er fragt wieder nach dem Zug, der nach Manhattan fährt, wieder weist ein Mann, der aussieht wie der Bahnhofsvorsteher, auf einen Zug und wieder entdeckt der Kantor kurze Zeit später, dass der Zug falsch ist. Er beginnt ein Gespräch mit einem Fahrgast. Deprimiert berichtet er ihm von seinem Pech mit Zügen. Der Fahrgast sagt: »Das kenne ich. Ich komme aus Holland, ich suche seit Tagen meine Frau, sie soll hier sein, aber ich finde sie nicht.« Der Kantor horcht auf. Der Name lässt keinen Zweifel. Er sitzt neben dem verschollenen Mann der Frau, die er letztens im Zug getroffen hat. Er kann die beiden zusammenbringen. Und dann sucht er ein drittes Mal den Bahnsteig auf, um dem Bahnhofsvorsteher, über den er sich furchtbar geärgert hat, seine Geschichte zu erzählen. Auf dem Bahnsteig trifft er einen anderen Bahnhofsvorsteher. »Wo ist Ihr Kollege?«, fragt der Kantor. »Ich habe keinen Kollegen. Ich arbeite hier allein.« – »Den ganzen Tag?« – »Den ganzen Tag.« Da weiß der Kantor: Ich brauche jetzt kein Gespräch mehr mit dem weisen Rabbi. Der lebendige Gott selber ist mir begegnet.

Thomas wird »Zwilling« genannt. Aber sein Zwillingsbruder wird in der Bibel nicht erwähnt. Vielleicht lebt er in uns? Wer sich als Zwilling im Zweifel sieht, der kann auch heute noch erfahren, was Thomas erfahren hat. Wer glaubt, darf Zweifel haben. Wir dürfen unseren Zweifel ehrlich äußern. Wer zweifelt, darf Glaubenserfahrungen machen. Wir dürfen wieder eins werden mit dem, was in uns entzweit ist.

Julie Hausmann, die ihrem zukünftigen Mann aufs Missionsfeld nachgereist war, hat ihn lebend nicht mehr gesehen. Er war an einer tückischen Tropenkrankheit gestorben. Wenige Tage nach der Beerdigung schrieb sie ein Lied, in dessen letzter Strophe es heißt: »Wenn ich auch gleich nichts fühle von deiner Macht, du führst mich doch zum Ziele auch durch die Nacht.« Selig sind, die nicht sehen und doch glauben!

13. »Die Sorgen wachsen mir über den Kopf«

»Ich bin dankbar, in der Klinik zu sein«, sagt Frau J., »aber ich kann nicht abschalten. Ständig gehen mir Gedanken durch den Kopf. Was wird aus den Kindern? Kommt mein Mann allein zu Hause zurecht? Ist der Hund versorgt? Zahlt die Krankenkasse? Gelingt die Wiedereingliederung? Die Sorgen wachsen mir noch über den Kopf.«

Es war einmal eine Maus, so beginnt eine Geschichte. Sie aß für ihr Leben gern Käse. Eines Tages machte sie den Fund ihres Lebens: Ein ganzer Laib Käse lag vor ihr. Sofort stürzte sie sich auf den Leckerbissen. Aber kaum hatte sie den ersten Bissen im Mund, da fiel ihr die schlimme käselose Zeit ein, die hinter ihr lag. Sie dachte: »Was nützt mir das, wenn ich mir jetzt den Bauch vollschlage und anschließend knurrt wieder mein Mäusemagen?« Und so kam es, dass unsere Maus Stück für Stück vom wunderbaren Käse ins Mauseloch schleppte. Sie rannte und rannte, bis sie nicht mehr konnte. Beim letzten Käsetransport brach sie tot zusammen. Sie hatte sich zu viel zugemutet.

Vielleicht sind wir stolz darauf, dass wir Menschen sind und keine Mäuse. Aber machen wir es wirklich besser als die Maus? Wir laufen uns die Hacken ab, wir sammeln und horten, wir schauen voraus und sichern uns ab. Und doch ist da immer die Sorge: »Wird es reichen? Werde ich mit dem fertig, was ich mir vorgenommen habe? Muss ich nicht immer wieder von vorn anfangen?« Unaufgeräumte Zimmer, ungewaschene Wäscheberge, unerledigte Post, ausgegebene Ersparnisse. Irgendwie ist das, was wir tun, nie genug. Am Ende bleibt nicht Leben übrig, sondern Käse!

Jesus hat Menschen, die sich viele Sorgen machen, einmal Empfehlungen mitgegeben:

»Darum sage ich euch: Macht euch keine Sorgen um euren Lebensunterhalt, um Nahrung und Kleidung! Bedeutet das Leben nicht mehr als Essen und Trinken, und ist der Mensch nicht wichtiger als seine Kleidung? Seht euch die Vögel an! Sie säen nichts, sie ernten nichts und sammeln

auch keine Vorräte. Euer Vater im Himmel versorgt sie. Meint ihr nicht, dass ihr ihm viel wichtiger seid? Und wenn ihr euch noch so viel sorgt, könnt ihr doch euer Leben um keinen Augenblick verlängern. (…) Seht euch an, wie die Lilien auf den Wiesen blühen! Sie mühen sich nicht ab und können weder spinnen noch weben. (…) Wenn Gott sogar die Blumen so schön wachsen lässt, die heute auf der Wiese stehen, morgen aber schon verbrannt werden, wird er sich nicht erst recht um euch kümmern? Vertraut ihr Gott so wenig? Macht euch also keine Sorgen und fragt nicht: ›Werden wir genug zu essen haben? Und was werden wir trinken? Was sollen wir anziehen?‹ (…) Euer Vater im Himmel weiß doch genau, dass ihr dies alles braucht. Setzt euch zuerst für Gottes Reich ein und dafür, dass sein Wille geschieht. Dann wird er euch mit allem anderen versorgen. Deshalb sorgt euch nicht um morgen – der nächste Tag wird für sich selber sorgen! Es ist doch genug, wenn jeder Tag seine eigenen Schwierigkeiten mit sich bringt.« (Matthäus 6,25–34)

Als Jesus damals zu den Menschen sprach, gab es noch keine Eurokrise, kein Fukushima, keine Rente mit 67. Das hört sich an wie eine gute Nachricht, ist es aber nicht. Denn eigentlich war alles noch viel schlimmer. Als Jesus diese Sätze sprach, wusste er: Eine gesicherte Existenz – davon konnten die meisten, die ihm zuhörten, nur träumen. Ihr ganzes Leben kreiste um die Frage: »Wie komme ich über die Runden? Wie bringe ich die Familie durch?« Es gab keine Grundsicherung, die man beim Sozialamt beantragen konnte. Die Menschen lebten von der Hand in den Mund. Wir haben es da schon besser. Aber können wir deshalb ruhiger schlafen? Ernährungs- und Kleidungsfragen können auch heute noch Menschen beschäftigen.

»Das geht doch nicht«, rief neulich entrüstet eine Frau beim Edeka-Bäcker. Die Preise für ihre Lieblingsbrötchen waren von einem Tag auf den anderen einfach heraufgesetzt worden. Aber darf ich helle Brötchen überhaupt essen? Sind Brötchen gesund? Was ist, wenn der Body-Mass-Index mir die Rote Karte zeigt? Es sind nicht nur Ernährungs- und Kleidungsfragen, die uns Sorgen machen. Wir können uns über vieles Sorgen machen: »Finde ich nach meiner Ausbildung eine Anstellung oder werde ich mich einreihen in die Generation

Praktikum? Komme ich mit dem Leistungsdruck, den sich ständig verändernden Anforderungen, dem Arbeitsklima zurecht? Wird meine Beziehung halten? Was ist mit den alt werdenden Eltern? Wohin geht diese Welt? Was kommt da noch alles auf uns zu? Werde ich wieder gesund werden?«

In einer Umfrage zum Thema Sorgen drehten sich die großen Sorgen der Menschen um die Themen Geld und Gesundheit. 60 Prozent der Befragten fürchten, dass sich ihre finanzielle Situation verschlechtert. Immerhin 44 Prozent machen sich große Sorgen um ihre Gesundheit, fast genauso viele haben Angst um ihren Arbeitsplatz. Bemerkenswert ist auch die Sorge der Menschen, bei den vielen Veränderungen unserer Zeit nicht mehr mithalten zu können. Wir sorgen uns um Menschen, um Verhältnisse, um Lebensqualität und Zukunft.

Woher kommt das eigentlich, dass wir uns im Leben so viele Sorgen machen? Der sorgenvolle Mensch, so hat Martin Luther einmal gesagt, ist der »homo incurvatus in se ipsum«, das heißt »der in sich selbst verkrümmte Mensch«. Er ist es gewohnt, alles mit sich selbst auszumachen. Er macht und schafft, er plant und gestaltet, und das alles mit Akribie und Sorgfalt. Das Wort »Sorgfalt« gibt es übrigens noch gar nicht so lange in unserer Sprache. Im Mittelalter war der »sorgfältige« Mensch der »sorgenfältige« Mensch, also der Mensch, dem man seine Sorgen an seinen Gesichtsfalten ansah. Jesus aber sagt: *»Und wenn ihr euch noch so viel sorgt, könnt ihr doch euer Leben um keinen Augenblick verlängern. (…) Es ist doch genug, wenn jeder Tag seine eigenen Schwierigkeiten mit sich bringt.«*

Es ist nicht verkehrt, sich Gedanken über das zu machen, was auf uns zukommt. Vorsorge macht Sinn. Es ist auch nicht verkehrt, sich Gedanken über die zu machen, die zu uns gehören. Fürsorge zeugt von Verantwortungsbewusstsein. Sorgen können durchaus sinnvoll sein, nämlich immer dann, wenn sie uns dazu bringen, Leben lebbarer zu machen. Aber es gibt ein Problem: Nicht selten machen sich sorgfältige Menschen zu viele Gedanken. Sorgfältige Menschen wissen nie, wann es genug ist. Sie sehnen sich nach dem Tag, wo sie wie die Maus sagen können: »Du musst dir keine Gedanken mehr machen. Ab heute hast du ausgesorgt.« Aber dieser Tag wird nicht eintreffen. Denn je mehr Leben wir festhalten wollen, desto größer werden die Sorgen, wieder zu verlieren, was wir sicher glauben. Der in sich selbst verkrümmte Mensch zeichnet sich durch zwei unverwechselbare Kennzeichen aus: Er ist einerseits der vermessene Mensch, der Mensch, der alles gern im Griff hat. Wer jedoch keine höhere Macht kennt, der er sich mit seinen Sorgen überlassen kann, muss sich seine Sicherheiten unentwegt selbst schaffen. Und das ist gar nicht so einfach. Wie schützt man sich vor den Unwägbarkeiten einer unberechenbaren Welt?

Ich muss an einen Patienten denken, der mir erzählte: »Ich habe einen großen Betrag durch Aktienspekulationen verloren. Jetzt fange ich wieder bei null an.« Er glaubte, alles im Griff zu haben – und hat seine Vermessenheit teuer bezahlt.

Wie verhindert man Naturkatastrophen? Wie entgeht man Verkehrsunfällen? Wie vermeidet man Arbeitslosigkeit? Nicht alles im Leben lässt sich beeinflussen, absichern, vorausplanen! Der vermessene Mensch »vermisst sich«, er mutet sich zu viel zu. Jesus sagt: *»Schaut die Lilien auf dem Feld an ...«* Sie arbeiten nicht, sie machen sich keinen Stress und sie sind doch versorgt. Jesus will sagen: Sorgen sind Symptome eines falschen Denkens, eines Denkens, das sich nicht erlauben kann zu denken: »Es ist genug. Ich muss nicht alles perfekt machen. Ich muss nicht jeden zufriedenstellen. Ich darf Ja sagen zu meinen Begrenzungen.« Können wir das? Können wir mit Nicht-Ereignissen leben?

Jesus fordert die Menschen in der Bergpredigt nicht auf, sorglos zu leben. Ihm geht es um den Verzicht auf das lähmende, kräftezehrende Sorgen. Das Sorgen um alles und jedes, das wir gar nicht beeinflussen können. *»Es ist genug, dass jeder Tag seine eigene Plage hat.«* Was danach kommt, kann ich abgeben an den, der Sorgen mit mir teilen will. Jesus will für uns sorgen.

Glauben wir, dass er das tut? Nicht jeder kann das glauben. Der in sich verkrümmte Mensch ist nicht nur der vermessene Mensch, der meint, alles im Griff zu haben, er ist andererseits auch der verzweifelte Mensch, der spürt: »Ich habe keine Kontrolle mehr. Ich bin den Unwägbarkeiten des Lebens ohnmächtig ausgeliefert.« So ein Gefühl kann krank machen. Goethe lässt eine seiner berühmten Tragödiengestalten einmal sagen: »Du bebst vor allem, was nicht trifft, und was du nie verlierst, das musst du stets beweinen.«

Wir Menschen sind geborene »Katastrophierer«. Eigentlich ist die Katastrophe noch gar nicht da, aber wir leben so, als hätte sie uns schon getroffen. Das sorgenvolle Hirn liefert permanent schreckliche Bilder, die uns die Wirklichkeit schrecklicher sehen lassen, als sie ist. Jesus möchte uns ermutigen, das richtige Maß zu finden: *»Sorgt nicht für morgen, denn der morgige Tag wird für das Seine sorgen.«* Und er gibt eine zwingende Begründung an: *»Denn euer Vater weiß genau, was ihr braucht.«* (Matthäus 6,8)

Jesus macht uns ein Angebot: »Ich werde dafür sorgen, dass ihr mit allem versorgt werdet, was ihr zum Leben braucht. Ihr seid meine Kinder und ich bin euer Vater.« Wer Vater sein will, der kann sich nicht aus der Verantwortung stehlen, der hat auch die Sorgepflicht. Das ist keine Garantieerklärung für ein sorgenfreies Leben, aber es ist das Versprechen: »Ich bin da, wenn ihr mich braucht.« Wenn man uns am Arbeitsplatz das Leben zur Hölle machen will, dann dürfen wir uns trösten: Jesus lässt uns nicht allein. Wenn wir nur noch Last für unsere Verwandtschaft sind, dürfen wir wissen: Jesus hält zu uns. Wenn die Krankheit uns den Mut nehmen will, dürfen wir gewiss sein: Niemand wird uns aus seiner Hand reißen.

Das Gegenteil von Sorge ist nicht die Sorglosigkeit, das Gegenteil von Sorge ist Glaube. Gott erspart uns nicht die Krisen, die uns oft so viel Not bereiten, aber auch in der Krise dürfen wir Gott zutrauen, dass er mit allem fertigwird, was uns Sorgen macht.

Ein Rucksacktourist wurde von einem Anhalter mitgenommen. Der Fahrer bot ihm freundlich an: »Warum legen Sie Ihren Rucksack nicht ab?« – »Ach«, meinte der Zugestiegene, »Sie waren schon so freundlich, mich mitzunehmen, da will ich Ihnen nicht noch Umstände machen mit meinem Rucksack.« Manch einer trägt sein Päckchen lieber selbst. Das ist schade, denn Jesus macht uns ein Angebot: Keiner muss auf seinen Sorgen sitzen bleiben. Wir dürfen unsere Sorgen bei dem liegen lassen, der für uns sorgen will.

Ein Geistlicher sah, wie jemand in einer Kirchenbank kniete. Er dachte sich nicht viel dabei. Es kamen immer wieder Menschen in die Kirche, um dem lieben Gott von ihren Sorgen zu erzählen. Als er aber nach zwei Stunden wieder in die Kirche kam und die Person immer noch knien sah, ging er auf sie zu und fragte: »Sagen Sie mal, was haben Sie denn dem lieben Gott die ganze Zeit zu sagen?« Darauf entgegnete die fremde Person nur: »Eigentlich nicht viel, Herr Pfarrer.« Und auf das Kreuz deutend: »Ich schaue nur den lieben Gott an und er schaut mich an.«

Ich schaue Gott an und er schaut mich an. Darum geht es. Denn wenn wir uns von dem angeschaut wissen, der es gut mit uns meint, dann kommt Gelassenheit in unser Leben, eine Gelassenheit, die nicht immer sorgenfrei macht, aber vom Druck befreit, den wir uns mit unseren Sorgen oft selbst machen. In dem Angebot Gottes liegt eine große Befreiung für alle, die sich nach Entlastung sehnen. Entlastete Menschen werden gelassener. »Gelass« ist ein altes deutsches Wort für einen Raum. Wer den Raum Gottes betritt, betritt einen beruhigenden Beziehungsraum. Wir dürfen uns niederlassen. Wir können uns fallen lassen. Wir finden ein verlässliches Gegenüber, bei dem wir loslassen dürfen, was uns beschwert. Wer ruhen kann, wird ruhig.

14. »Ich habe keine Zeit«

»Der Tag müsste für mich 50 Stunden haben«, klagt Herr G. »Meine Firma erwartet, dass ich Überstunden mache, meine Frau fordert mehr Präsenz zu Hause und in meiner Gemeinde wartet man darauf, dass ich mehr Verantwortung übernehme. Alle wollen was von mir, dabei fühle ich mich schon komplett ausgelastet. Ich habe einfach keine Zeit.«

Ich stehe mit meinem Wagen an der Kreuzung. Ich weiß: In wenigen Minuten beginnt die Veranstaltung. Die Ampel steht auf Rot. Der Fuß spielt mit dem Gaspedal. Die Ampel will und will nicht umspringen. Szenenwechsel. Ich reihe mich bei Aldi in die Schlange ein. Ich sehe die ältere Dame, die vor mir mit einer Handvoll Kleingeld ihren Einkauf bezahlen will. Sie sucht nach einer Münze im viel zu kleinen Geldbeutel. Wiederholt fragt sie die Kassiererin nach dem Betrag. Als sie endlich zahlt, fällt ihr eine Münze herunter. Der Kunde hinter mir sagt laut, was ich mich nur leise zu denken traue: »Wann geht das da vorne endlich weiter?« Szenenwechsel. Das Telefon klingelt im Büro. Ich höre nur: »Herr Grund, können Sie mal eben schnell …?« Eigentlich war ich gerade auf dem Sprung nach Hause, und während ich mich reden höre: »Okay, ich kümmere mich darum«, bildet sich in mir ein beunruhigendes Gefühl, das manche »Groll« nennen.

Ist das nicht eigenartig? Immer wieder überfällt uns so ein beklemmendes Gefühl, eine unangenehme Stimme, die sagt: »Da stiehlt dir mal wieder jemand deine kostbare Zeit.« Eigentlich ist das verwunderlich. Schon Salomo sagt: *»Alles hat seine Zeit.«* (Prediger 3,1) Zeit ist ausreichend vorhanden. Jeder von uns hat pro Stunde 60 Minuten, pro Tag 24 Stunden, pro Jahr 365 oder gar 366 Tage. Zeit ist absolut gerecht verteilt, gerechter jedenfalls als Schönheit, Intelligenz oder Geld. Das Problem ist nur: Schönheit kann man pflegen. Wissen kann man anhäufen. Geld kann man horten. Aber Zeit? Zeit vergeht. Mit jeder Sekunde schwindet der Vorrat dahin. C. H. Spurgeon hat einmal gesagt: »Du kannst die Zeit nicht an einen Pfosten binden wie das Pferd an die Krippe.« Zeit, die vergeht, ist unwiederbringlich verloren.

Es gibt einen »Verein zur Verzögerung der Zeit«, der sich immer wieder durch spektakuläre Aktionen ins Gespräch bringt. Neulich rief er einen Tag des Fotofastens aus. Touristen wurden aufgefordert, nur ein Bild pro Kamera zu knipsen, weil Menschen vor lauter Knipserei gar nicht mehr dazu kommen, auf das Wesentliche um sich herum zu achten. Oder sie warben in Fußgängerzonen für einen internationalen Tag des Zeitgewinns. Auf Plakaten wurden Passanten eingeladen: »Lassen Sie unnütze Dinge von anderen erledigen. Wir checken Ihre E-Mails, surfen für Sie im Internet, gehen für Sie in Schuhgeschäfte.«

Wir wollen Zeit einsparen und erleben dabei, dass wir immer weniger Zeit haben. Wir trinken Kaffee im Gehen, wir surfen beim U-Bahn-Fahren, wir verschicken Nachrichten in Kürzelsprache. Selbst beim Sterben gilt es, nicht unnötig Zeit zu verlieren. In Amerika bieten Bestattungsunternehmen »drive-through funerals« an: Wer wenig Zeit hat, kann im Jeep am Sarg vorbeifahren.

Das Verrückte dabei ist: Obwohl wir ständig Zeit einsparen, ist Zeitnot für viele ein Dauerzustand. Wir sind Getriebene unserer Handlungsoptionen. Nach einer Studie von Robert Levine gehört Deutschland neben Japan und der Schweiz zur Spitzengruppe der gehetztesten Nationen. In England verteilt die Supermarktkette Tesco elektronische Armbänder an die Angestellten, die Auskunft darüber geben, wer sich wo wie lange aufhält. Wehe, jemand verquatscht sich auf dem Flur! Wir müssen immer schneller immer mehr machen und blicken dabei immer weniger durch. 1825 leistete der Mensch nach einer Arbeitszeitstudie im Schnitt 82 Wochenarbeitsstunden. Wir haben das halbiert, aber haben wir auch mehr Zeit?

Woher kommt das eigentlich, dieses Gefühl, nie genug Zeit zu haben? Warum klagen wir so oft über Zeitnot? Je mehr wir Handlungsprozesse optimieren, desto größer wird der Raum für neue Handlungsoptionen. Irgendetwas in uns sagt: »Das ging aber schnell, du könntest jetzt noch was anderes erledigen, du hast ja Zeit gewonnen.« Per E-Mail lassen sich Dokumente schneller verschicken als über

Briefpost. Aber genauso schnell ist die nächste Anfrage da. Ein Auto ist zwar schneller als eine Pferdekutsche, aber wenn du ein Auto hast, dann willst du auch damit herumfahren oder endlich einmal dahin fahren, wo du mit der Pferdekutsche nie hingefahren wärst. Zeitnot ist im Grunde genommen kein zeitliches, sondern ein menschliches Problem.

Amerikanische Pastoren mit einer 60-Stunden-Woche wurden einmal gefragt, was denn die Ursache ihrer Zeitnot sei. Nur 7 Prozent antworteten: »Ich muss die Vorgaben meines Stellenplans abarbeiten.« 40 Prozent sagten: »Ich kann nicht Nein sagen.« 51 Prozent sagten: »Die Arbeit macht einfach Spaß.« Und immerhin 68 Prozent gaben zu: »Ich habe zu hohe Ansprüche an mich selbst.«

Es sind nicht immer die äußeren Umstände, die uns Zeit rauben; der größte Zeiträuber sind immer noch wir selbst mit unseren Vorlieben, die wir nicht immer wahrhaben wollen. Fünf Beobachtungen zum Menschen, der keine Zeit hat:

Beobachtung Nr. 1: Wer unersättlich ist, hat keine Zeit

Wir leben in einer Zeit immer größer werdender Freiräume für die individuelle Lebensgestaltung: Arbeitszeitverkürzungen, Vorruhestandsregelungen, gesetzlich geregelter Urlaub – Stichworte, von denen unsere Väter und Großväter nur träumen konnten. Ich kann mich noch gut daran erinnern, dass mein Vater samstags fast immer gearbeitet hat. Das ist heute anders. Aber eigenartigerweise beobachten wir, dass mehr freie Zeit nicht automatisch mehr Freizeit bedeutet. Wir leben zunehmend asynchron. Wir schlafen zu wenig, tun zu viel, essen zu hastig. Warum eigentlich? Irgendetwas in uns sagt: »Das musst du noch erledigen, das darfst du auf keinen Fall verpassen, das solltest du unbedingt gesehen haben.« Unterschwellig ist da die Angst, an etwas nicht teilhaben zu können, was Lebensqualität verspricht.

Ich muss an einen Verkäufer in der Spielwarenabteilung eines Kaufhauses denken. Er geriet ins Schwärmen, als er von dem neuen Computerspiel sprach: »Stellen Sie sich vor, ich habe mich letzten Samstag mit Freunden getroffen und wir haben gleich die Nacht durchgemacht. Dieses tolle Spiel muss man einfach gespielt haben.« Wir reden uns ein, mit unserer Freizeit zu tun, was wir wollen, dabei macht sie mit uns, was sie will. Unsere Freizeit ist gar nicht so frei. Die Annehmlichkeiten des Lebens bestimmen Kurs und Tempo. Die Freizeit nutzt unsere unersättlichen Wünsche gnadenlos aus. Irgendwie sitzen wir in der Falle, denn Wünsche, die einmal geweckt sind, wollen befriedigt werden. Man fiebert von einem Erlebnishöhepunkt zum nächsten. Das Leben degeneriert zu einer endlosen Serie von Quickies.

Zerstreuungen an sich sind nichts Schlimmes. Wir alle brauchen sie als Ausgleich. Aber in der Hand eines unersättlichen Menschen werden Zerstreuungen zur Falle. Sie nehmen uns mehr, als sie uns geben können. Mit Annehmlichkeiten aufgefüllte Zeit ist eben noch keine erfüllte Zeit. Der Dichter Werner Bergengruen warnt: »Man vertreibt sich die Zeit und schließlich tut sie einem den Gefallen, sich vertreiben zu lassen. Zuletzt hat sie einen ganz verlassen, dann ist die Ewigkeit da.«

Beobachtung Nr. 2: Wer sich unersetzlich fühlt, hat keine Zeit

»Der Stress bringt mich noch um«, sagte einmal ein Mann in einer leitenden Stellung zu seinem Freund. »Mein Arzt sagt, ich solle kürzertreten, aber ich weiß nicht wie. Ich bin doch für meine Mitarbeiter verantwortlich. Ich kann mich doch unmöglich zurückziehen.« Sein Freund erwiderte nur: »Und wenn du morgen sterben müsstest, wie lange würde es dauern, bis ein anderer deinen Platz eingenommen hätte?« – »Keine vier Wochen!« – »Aber du glaubst, du bist unersetzlich.« – »Ja, das glaube ich.«

Im Kopf hatte der Mann begriffen: »Es läuft auch ohne mich.« Aber ganz tief innen drin war die Überzeugung: »Sie brauchen mich. Es geht nicht ohne mich.« Die Geschichte endete tragisch. Drei Jahre später war der Mann tot. Herzinfarkt, wie sein Arzt es ihm vorausgesagt hatte. Wer sich für unersetzlich hält, hat wenig Zeit. Er muss überall dabei sein, immer mitreden, fühlt sich für alles verantwortlich. Das geht auf Dauer an die Substanz.

Ich erinnere mich noch an einen Satz, den ich häufiger in Andachten gehört habe: »Gott ist es wert, dass man ihn ehrt und sich in seinem Dienst verzehrt.« Was kann daran schlecht sein, wenn jemand Gott dienen will? Das Problem liegt in der Selbstwahrnehmung: Geht es da, wo viel gedient wird, wirklich nur um die Ehre Gottes? Wie wäre es denn, wenn eines Tages ein lieber Bruder oder eine liebe Schwester zu mir käme mit der Mitteilung: »Wir brauchen dich nicht mehr; es geht auch ohne dich«? Preise ich den lebendigen Gott darüber, dass er mich entlasten will und sich immer wieder neue Mitarbeiter beruft, oder ziehe ich mich beleidigt zurück?

Ich denke an einen Ältesten, der von der Gemeindeversammlung abgewählt wurde, um einem Jüngeren Platz zu machen. Und was war die Folge? Er kam nicht mehr in die Gottesdienste. Der Mensch, der sich unersetzlich fühlt, nimmt sich wichtig, vielleicht ein bisschen zu wichtig. Paulus schreibt an die Philipper: »*Weder Eigennutz noch Streben nach Ehre sollen euer Handeln bestimmen. Im Gegenteil: Seid bescheiden und achtet den anderen mehr als euch selbst.*« (Philipper 2,3)

Beobachtung Nr. 3: Wer Perfektionist sein will, hat keine Zeit

Perfektionismus ist die Sucht, alles perfekt machen zu müssen. Fehler stören. Unvollkommenes ist unangenehm. Der Perfektionist will immer 100 Prozent, wenn möglich 110 Prozent. Wehe, die Frau hat vor der Fahrt zum Gottesdienst den Autoschlüssel verlegt! Wehe, das Konto ist um 18,95 € überzogen! Wehe, die Wohnung ist nicht tipptopp aufgeräumt!

Eine Frau, die mit den Nerven völlig am Ende ist, klagt: »Ich schaffe den Haushalt nicht mehr. Das wird mir alles zu viel. Ich geh noch kaputt.« Im Gespräch zeigt sich dann: Auch die kleinste Kleinigkeit muss perfekt erledigt werden. Wehe, der Mann drückt sich. Aber der

Mann drückte sich gar nicht. Er packte mit an. Er spülte, putzte, räumte auf, aber immer wenn er fertig war, schaute die Frau nach, ob auch alles ordentlich genug war. Das ist typisch für Perfektionisten. Alles muss perfekt sein. Aber um perfekt zu sein, muss ich mehr tun als andere. Und »mehr tun« bedeutet: Ich brauche mehr Zeit, Zeit, die ich oft nicht habe. Und das bringt mich immer wieder in Zeitnot.

Hinter Perfektionismus sitzt ein weit verbreiteter Denkfehler: »Nur wenn ich perfekt bin, bin ich wertvoll.« Wer mittelmäßig ist, ist unten durch. So eine Einstellung fällt nicht einfach vom Himmel. Sie wird früh im Leben erlernt. Da war vielleicht eine Mutter, die immer nachgefragt hat: »Und deine Freundin? Was hat die für eine Note?« Das zufriedene Lächeln der Mutter, wenn ich sagen konnte: »Na ja, nicht ganz so gut wie ich«, hat sich tief in der Seele eingegraben.

Auch Gemeinden können eine perfektionistische Denkweise fördern, vor allem dann, wenn in Gottesdiensten nur gesagt wird, was zum wahren Christsein noch alles fehlt. Gott ist in der Vorstellung mancher Patienten jemand, der immer nur fordert, der nie zufrieden ist. Eine perfektionistische Einstellung kann auch beeinflusst werden durch eine auf Erfolg ausgerichtete Arbeitsphilosophie. Wenn du deinen Job gut machst, dann spricht sich das herum, dann hast du viele Schulterklopfer. Aber gut sein ist anstrengend. Die ständige Beschäftigung mit dem Superlativ macht uns anfällig für Depressionen. Es ist meine Überzeugung, dass Gott auch durch ganz gewöhnliche Menschen Außergewöhnliches wirken kann. Wir dürfen nicht nur von den großartigen Möglichkeiten Gottes reden, sondern wir müssen darauf hinweisen: Auch das Alltägliche und Gewöhnliche hat seinen Wert. Denn das Geheimnis christlichen Lebens liegt nicht darin, dass wir Außergewöhnliches leisten, sondern dass der außergewöhnliche Meister durch ganz gewöhnliche Menschen wirkt. Wer Mittelmaß als Teil seiner Lebenswirklichkeit akzeptiert, lebt gesünder. Die Zeit, die ich brauche, um besser zu sein als andere, wird auf einmal frei für sinnvollere Dinge. Allerdings muss ich hinzufügen: Solch eine Lebenseinstellung kann nur dort erlernt werden, wo Raum für das Unscheinbare ist und nicht nur das Besondere zählt.

Beobachtung Nr. 4: Wer immer nachgibt, hat keine Zeit

Der nachgiebige Mensch ist der Mensch, der nicht Nein sagen kann. Er wird immer von anderen beschäftigt. Er lässt immer andere für sich entscheiden. Und weil er außengeleitet lebt, hat er so wenig Zeit.

Ich sehe sie noch vor mir, die Frau, die regelmäßig nach dem Gottesdienst zu mir kam und sagte: »Herr Grund, ich muss Sie unbedingt sprechen, ich rufe Sie später mal an.« Ich konnte mir fast sicher sein, dass es zu diesem Anruf nie kommen würde. Diese Frau war ständig für andere unterwegs. Bis sie zur Ruhe gekommen war, hatte sie vergessen, was sie eigentlich wollte.

Nachgiebigkeit wird nicht vererbt. Wir erlernen dieses Verhalten, weil es uns Vorteile bringt. Die liegen auf der Hand: Wer anderen immer gefällig ist, gefällt. Wer immer tut, was andere wollen, der ist beliebt. Aber der Preis ist hoch: Je mehr Anerkennung wir brauchen, desto weniger können wir Nein sagen. Menschen, die häufig nachgeben, haben in der Regel eine geringe Selbstachtung. Sie achten andere höher als sich selbst. Das hört sich an wie eine gute Eigenschaft, ist es auch, nur: Manche übertreiben es mit dem Dienst am Nächsten. Sie brauchen die Achtung anderer, um sich selbst achten zu können. Sie bilden gewissermaßen mit anderen eine Symbiose. Zu einer gesunden Beziehung gehört immer auch die Fähigkeit, sich abgrenzen zu können.

Beobachtung Nr. 5: Wer sein Leben nicht nach Prioritäten ordnet, hat keine Zeit

Experten haben herausgefunden, dass bei bewusster Tagesplanung mit zehn Minuten Aufwand etwa zwei Stunden pro Tag an Zeit eingespart werden können. Nur ist das so eine Sache mit der Zeitplanung. Die Kunst besteht nicht darin, ein paar Termine zu ordnen. Die Kunst der Zeitplanung besteht darin, sich selbst organisieren zu können. Der Schlüssel liegt nicht darin, Prioritäten für etwas zu setzen, was auf dem Terminplan steht, sondern darin, Termine für eigene Prioritäten zu setzen. Es geht um den Unterschied zwischen einem bloßen Gelebtwerden und dem aktiven Gestalten des Lebens. Häufig reagieren wir auf das, was dringlich ist und unaufschiebbar scheint: etwa der Anruf, der mit den Worten beginnt: »Kannst du mal schnell …?« Nicht immer ist das, was dringlich ist, das Wichtigere. Es gibt Situationen, da lasse ich das Telefon klingeln, zum Beispiel wenn ich meinen Kindern versprochen habe, mit ihnen Zeit zu verbringen, oder Zeit zur Regeneration brauche. Wer Termine für die eigenen Prioritäten setzt, will nicht einfach Dinge richtig machen, sondern die richtigen Dinge machen.

Zeitnot ist kein zeitliches, sondern ein menschliches Problem. Zeit hat mit unseren Vorlieben zu tun. Für das, was uns wichtig ist, haben wir in der Regel immer Zeit. Der unersättliche Mensch hat Zeit für sein Vergnügen. Der unersetzliche Mensch hat Zeit für seine Arbeit. Der Mensch, der perfekt sein will, hat Zeit für seine Gründlichkeit. Der nachgiebige Mensch hat Zeit für die Probleme anderer. Der unorganisierte Mensch hat Zeit für tausend Nebensächlichkeiten.

Gott will nicht, dass wir länger an die Lüge »Ich habe keine Zeit« glauben. Gott will, dass wir ehrlich prüfen, wofür wir uns Zeit nehmen und wofür nicht, dass wir uns ihm ganz überlassen mit unserem Hunger nach Leben, unserer Wichtigtuerei, unserer Sucht, perfekt sein zu müssen, unserer Abhängigkeit von anderen Menschen und unserer Flucht vor unangenehmen Aufgaben. Wer erfüllte Zeit will, muss aufhören, Zeit in den Griff bekommen zu wollen. Nur über Gott empfangen wir letztlich die Kontrolle über unsere Zeit zurück. Zeit aus seiner Hand ist erfüllte Zeit. Und wo erfüllte Zeit ist, gibt es keine Zeitnot mehr.

Lothar Zenetti hat eine bekannte Geschichte aus den Evangelien umgeschrieben: »Und er sah eine große Menge Volkes, die Menschen taten ihm leid und er redete zu ihnen von der unwiderstehlichen Liebe Gottes. Als es dann Abend wurde, sagten seine Jünger: ›Herr, schicke diese Leute fort, es ist schon spät, sie haben keine Zeit.‹ – ›Gebt ihnen doch davon‹, so sagte er, ›gebt ihnen doch von eurer Zeit!‹ – ›Wir haben selber keine‹, fanden sie, ›und was wir haben, dieses wenige, wie soll das reichen für so viele?‹ Doch war da einer unter ihnen, der hatte wohl noch fünf Termine frei, mehr nicht, zur Not, dazu zwei Viertelstunden. Und Jesus nahm, mit einem Lächeln, die fünf Termine, die sie hatten, die beiden Viertelstunden in die Hand. Er blickte auf zum Himmel, sprach das Dankgebet und Lob, dann ließ er austeilen die kostbare Zeit durch seine Jünger an die vielen Menschen. Und siehe da: Es reichte nun das wenige für alle. Am Ende füllten sie sogar noch zwölf Tage voll mit dem, was übrig war an Zeit, das war nicht wenig. Und es wird berichtet, dass sie staunten. Denn möglich ist, das sahen sie, Unmögliches bei ihm.«

15. »Wer ist eigentlich ein Christ?«

Herr I., der sich als wenig religiös bezeichnet, beginnt sich während des Klinikaufenthaltes für den christlichen Glauben zu interessieren. »Ich bin durchaus offen«, vertraut er mir an. »Aber es gibt so viele unterschiedliche Glaubensmodelle. Das irritiert mich. Meine Eltern waren römischkatholisch, meine Therapeutin ist evangelisch, meine Bezugsschwester gehört zu einer evangelischen Freikirche und ein Mitpatient geht in eine Pfingstgemeinde. Und alle behaupten, Christen zu sein.«

Sind alle Christen, die behaupten, Christen zu sein? Ist der eine mehr Christ als der andere? Woran kann ich festmachen, wer Christ ist und wer nicht? Da ist Helga Kirch, die fehlerfrei das Vaterunser mitbeten kann. Ist sie Christ? Oder Kuno Immertreu, der kein Bibelgespräch in der Gemeinde verpasst. Ist er mehr Christ? Da ist Ina Theresa, die für ihre alt gewordene Nachbarin freiwillig das Treppenhaus putzt. Ist sie nicht auch Christ? Und was ist mit Ilona Trendy, die noch nie eine Kirche besucht hat, aber ganz tief innen spürt, wie nah ihr Gott ist? Die Antworten auf die Frage, wer ein Christ ist und wer nicht, fallen durchaus unterschiedlich aus.

Antwort Nr. 1: Die individuelle Antwort

Christsein, so meinen viele, ist eine Frage der persönlichen Empfindung. Ein Christ ist, wer sich für einen Christen hält. Entscheidend ist, was ich fühle, was ich tief in mir spüre.

Eine Geschichte von Stefan Zweig erzählt von einem Mann, der sein ganzes Leben wertvolle Radierungen und Kupferstiche gesammelt hat. Im Alter verliert dieser Mann sein Augenlicht, aber er ist so mit seinen Kunstwerken vertraut, dass er am Rahmen erfühlen kann, um welches Bild es sich handelt. Eines Tages spielen ihm die lieben Verwandten einen bösen Streich. Sie machen die Bilder zu Geld und ersetzen die wertvollen Radierungen durch wertloses Papier. Für den alten Mann hat sich nichts verändert. Immer wenn Besuch kommt, greift er zu den Bilderrahmen mit dem weißen Papier und spricht mit bewegten Worten über Dinge, die keiner sieht.

Vielen Menschen geht es mit dem Christsein ähnlich. Sie sammeln wertvolle Gedanken über sich selbst, über Gott und die Welt. Sie reden über spirituelle Erfahrungen, aber wenn sie darüber reden, verstehen andere nur Bahnhof. Ist das Christsein? Ich fühle, also bin ich? Vielen Menschen ist das zu wenig.

Antwort Nr. 2: Die traditionelle Antwort

Christsein, so meinen andere, ist eine Frage der Zugehörigkeit zu einer Institution. Ein Christ ist getauft und Mitglied einer Kirche. Das gilt immerhin für die Hälfte aller Deutschen. Sie sind irgendwann einmal als Kind in die Kirche getragen worden, sie haben eine heilige Handlung erlebt. Auf der Lohnsteuerbescheinigung steht evangelisch oder römisch-katholisch und auf der Gehaltsabrechnung ist der Kirchensteuerabzug vermerkt.

Überlegen wir einmal für einen Moment, was wir von einem Sportler halten würden, der sagt: »Meine Mutter hat mich vor 30 Jahren im Sportverein angemeldet, ich habe regelmäßig meinen Vereinsbeitrag bezahlt und vor fünf Jahren die silberne Ehrennadel für vorbildliche Vereinstreue erhalten.« Das ist okay, aber was uns doch viel mehr interessiert, ist die Frage: »Welchen Sport hast du gemacht?« Was soll man von einem Sportler halten, der viel von Sport redet, aber selbst nie Sport gemacht hat? Ob einer Sportler ist, erkenne ich nicht an seiner silbernen Vereinsnadel, dem gezahlten Vereinsbeitrag und dem ein oder anderen salbungsvollen Nachruf.

Ich frage einmal anders: Sind Menschen das, was über sie in ihrem Personalausweis steht? Was steht denn in einem Personalausweis über uns? Name und Geburtsdatum, Augenfarbe und Nationalität. Das ist nicht viel. Zum Beispiel steht in einem Personalausweis nicht, ob ich einen gutmütigen Charakter habe oder eher ein Choleriker bin, ob ich ein zufriedenes Leben lebe oder unglücklich bin. Wenn wir einen Menschen wirklich verstehen wollen, dann interessieren wir uns doch nicht in erster Linie für Augenfarbe und Nationalität, dann wollen wir vielmehr wissen, wie einer »tickt«, was ihn im Tiefsten als Menschen ausmacht. Das heißt: Zu wissen, dass man getauft und Mitglied einer Kirche ist, ist sicherlich nicht unchristlich, aber das sagt genauso viel oder wenig über meine Person aus wie ein Personalausweis. Da muss noch etwas dazukommen.

Antwort Nr. 3: Die moralische Antwort

Viele Menschen wissen, dass Martin Luther kein Kabarettist bei Sat 1, das Johannesevangelium keine Anleitung für Obstbauern und Golgatha keine neue Zahncreme ist. Aber zum Christsein gehört mehr als Wissen.

Der indische Gelehrte Sadhu Sundar Singh hat einmal ein Bild für ein Christsein gebraucht, das nur auf oberflächliche Außenwirkung bedacht ist. Er sagt: »Wenn ich einen schönen, runden Stein aus dem Wasser nehme und ihn zerschlage, werde ich feststellen, dass der nasse Stein im Innern ganz trocken ist. Genauso ist es mit vielen, die sich Christen nennen. Sie setzen sich einer Flut christlicher Gewohnheiten aus, aber das Christentum ist nicht in ihr Herz eingedrungen. Es lebt nicht in ihnen.«

Ein Christ kann sich nicht damit zufriedengeben, getauft zu sein und christliches Wissen zu haben. Ein Christ ist daran zu erkennen, dass er lebt, was er glaubt.

Offensichtlich macht man sich mit einem solchen Leben aber nicht nur Freunde. Es ist interessant, wie oft man Sätze hört wie: »Die brauchst du gar nicht erst auf deine Faschingsparty einzuladen. Das sind Christen. Die trinken keinen Alkohol und mit dem Lachen tun sie sich auch schwer.« Oder: »Zum Pastor brauchst du wegen deiner Partnerschaftsprobleme nicht zu gehen. Der sagt dir nur: Scheidung ist Sünde. Das Gespräch kannst du dir sparen.«

Ich erinnere mich an ein Interview, das bei einer offenen Gemeindeveranstaltung mit der Leiterin des ortsansässigen Fitnessstudios geführt wurde. Als sie gefragt wurde, wie eine Gemeinde aussehen müsste, in die sie gehen würde, sagte sie den Satz: »Christen sollten nicht immer so reden, als wären sie etwas Besseres.« Hinter diesem Satz steckt die bittere Erfahrung, dass die, die anderen sagen, wo es langgeht im Leben, oft selbst nicht überzeugend leben, was sie anderen empfehlen.

In den USA erschütterte vor Jahren der Skandal um Ted Haggard die Öffentlichkeit. Das *Time Magazine* zählte den Pastor einer Megachurch zu den 25 prägenden Persönlichkeiten des Landes. Der leidenschaftliche Kämpfer gegen die Homoehe musste zugeben, heimlich gekokst und regelmäßig Strichjungen bestellt zu haben. Sind Christen bessere Menschen? Ich fürchte, in diesem Satz hat der Wunsch die Wirklichkeit leider überholt.

Man kann für Gottes Gedanken sein, ein anständiges Leben leben und gleichzeitig Gott gegen sich haben. Da gibt es zum Beispiel die Geschichte von dem frommen Mann, der im Tempel betet und seine guten Werke vor Gott aufzählt: fasten, beten, Almosen geben (Lukas 18,9–14). Beeindruckt das Gott? Jesus sagt, dass der Mann daneben, ein Wirtschaftskrimineller mit langem Vorstrafenregister, Gott näherstehe als dieser fromme Mann. Und warum ist das so? Er macht Gott nichts vor. Er steht zu seinen Abgründen, seinen Fehlern und betet: »*Gott, sei mir Sünder gnädig!*« (Lukas 18,13) Es ist offensichtlich gar nicht so leicht, von dem, was man sieht, auf das zu schließen, was jemand ist. Daher sollte man den Ball lieber flach halten.

Antwort Nr. 4: Die philosophische Antwort

Der deutsche Dichter und Denker Lessing, Verfasser des bekannten Bühnenstücks »Nathan der Weise«, schrieb: »Wenn Gott in seiner Rechten alle Wahrheit und in seiner Linken den einzigen immer regen Trieb nach Wahrheit, obschon mit dem Zusatze, mich immer und ewig zu irren, verschlossen hielte und spräche zu mir: ›Wähle!‹ Ich fiele ihm mit Demut in seine Linke und sagte: ›Vater, gib!‹ Die reine Wahrheit ist ja doch nur für dich allein!«

Der Christ, ein ewig Suchender, das hat was – oder? Tolerante Menschen sind angenehmer im Umgang als Menschen, die auf alles eine Antwort haben. Was geht in uns vor, wenn Zeugen Jehovas an unserer Tür klingeln und Antworten geben auf Fragen, die keiner von uns gestellt hat? Überzeugt Sie das? Da ist doch schon sympathischer, wenn einer sagt: »Ich bin auf dem Wege, wie so viele auf dem Wege sind, wir alle sind wie kleine Flussläufe, die in einen großen Strom der Wahrheiten fließen.«

Merkwürdig ist allerdings, dass die Menschen, die damals mit Jesus in Berührung kamen, ganz anders redeten. »*Wir haben den gefunden, von dem Mose im Gesetz geschrieben hat und den die Propheten ange-kündigt haben«,* sagt Philippus zu Nathanael (Johannes 1,45). »*Wir glauben und haben erkannt, dass du der Heilige bist, den Gott gesandt hat«,* sagt Petrus (Johannes 6,69). Kein unsicheres Tasten und immer neues Suchen mehr. Da ist eine innere Gewissheit, eine tiefe Überzeu-gung gewachsen: »Ich habe den gefunden, der meinem Leben Sinn, Halt und Orientierung gibt.« Und das ist nicht ein undefinierbares »Irgendwie ist da was«. Das das Wissen: »Ich habe die Wahrheit gefunden. Der lebendige Gott ist mir begegnet.«

Aber ist es nicht vermessen, so zu reden? Es ist nur dann vermes-sen, wenn wir nicht verstehen, was Wahrheit meint, wenn die Bi-bel davon spricht. Es geht nicht um die Wahrheit der Gedanken, die Wahrheit, die logischen Gesetzmäßigkeiten folgt, die Wahrheit, die in Wettbewerb mit anderen Gedankensystemen treten will. Es geht um eine Wahrheit, auf die ich mich im Leben und im Sterben hundert-prozentig verlassen kann. Das griechische Wort, das in der Bibel mit Wahrheit übersetzt wird, meint das, was zuverlässig und tragfähig ist. Wahrheit finden heißt: von nun an in einer tragfähigen Beziehung leben. Christ kommt von Christus. Christsein ist mehr als Intuition, Tradition, Konfession oder Philosophie. Christsein ist Beziehung zu einer Person, die mein ganzes Leben verändert. Jesus Christus sagt:

»Ich bin der Weg und die Wahrheit und das Leben.« (Johannes 14,6) Das heißt: Nur wer in einer personalen Beziehung mit Jesus lebt, weiß, was Wahrheit ist.

Deshalb noch ein letzter Versuch, Antwort auf eine schwierige Frage zu geben.

Antwort Nr. 5: Die biblische Antwort

Ein Baum bezieht seine Kraft aus dem Wurzelboden. Unter der Rinde des Baumes werden wertvolle Mineralien und Nährstoffe an die Stellen weitergeleitet, wo später die Früchte zu sehen sind. Christen beziehen ihre Kraft aus der Verbindung zu Christus. Der Glaube an Christus macht uns diese Kraft zugänglich – das, was an einem Christen wächst, sind also Früchte des Glaubens.

Moral ist zum Beispiel eine Frucht. Christus macht mich sensibel für das, was gut für mich und andere ist. Ohne Moral geht der Mensch an sich selbst zugrunde.

Dogmen sind auch eine Frucht. Der Glaube an Christus hat Inhalte. Christen glauben nicht an irgendetwas. Christen glauben, dass Gott sich in der Bibel zu Wort gemeldet hat. Ohne Lehre verliert sich der Mensch in austauschbarer Beliebigkeit.

Kultus gehört ebenfalls dazu. Der Glaube an Christus mündet in bestimmte Formen menschlichen Zusammenlebens. Über die Formen kann man streiten. Nicht jeder »Zweig« muss aussehen wie der andere. Aber dass Glaube Form und Gestalt braucht, ist keine Frage.

Nun darf man eines nicht machen: Man darf den Baum nicht auf den Kopf stellen. Moral, Dogmen und Kultus sind nicht der »Wurzelboden des Glaubens«. Wer das verkennt, nimmt dem Baum die Lebenskraft. Moral, Dogmen und Kultus wachsen aus der Beziehung zu Christus. Und diese Beziehung hält den Baum lebendig.

»Ich würde gern glauben, dass ein Christ jemand ist, der eine Vertrauensbeziehung zu Jesus Christus lebt«, sagte eine Patientin. »Aber wie soll ich vertrauen, wenn ich mir selbst nicht mehr trauen kann;

wenn ich Menschen, die mich enttäuscht haben, nicht mehr über den Weg trauen kann?« Es ist nicht einfach, Gott zu vertrauen, wenn das Grundvertrauen Schiffbruch erlitten hat. Ich möchte Sie ermutigen, Glauben zu wagen. Das Besondere an der Christusbeziehung ist: Sie ist nicht so brüchig wie unsere Selbstachtung und unsere Außenbeziehungen. Das hat weniger mit uns als vielmehr mit der Größe Gottes zu tun.

Ein Pastor fragte einmal im Konfirmandenunterricht: »Wer von euch kann mir sagen, was ein Heiliger ist?« Ein Mädchen meldete sich und sagte: »Ein Heiliger, Herr Pastor, ist ein Mensch, durch den die Sonne scheint.« – »Das klingt interessant, wie kommst du darauf?«, fragte der Pastor nach. »Na ja, ich dachte an unsere bunt bemalten Fenster in der Kirche, da sind doch Heilige abgebildet und die sieht man viel besser, wenn die Sonne durch die Fenster scheint.« Die Antwort des Mädchens korrigiert ein weit verbreitetes Missverständnis. Der vollkommene Gott kann es sich erlauben, kein perfektes Bodenpersonal zu haben.

Vielen reicht es nicht, Christ zu sein. Sie wollen gläubiger Christ oder ein echter gläubiger Christ oder sogar ein geistgetaufter echter gläubiger Christ sein. Die hohen Selbstansprüche werden schnell zu Selbstüberforderungen. Viele zerbrechen an der Last, die sie sich selbst auferlegen. Ein Christ ist der, durch den das Licht, das von außen kommt, scheint. Gottes Licht scheint durch uns durch und nur das gibt unserem Leben Glanz und Ausstrahlung.

Nicht wir machen Christsein. Die Beziehung zu Christus macht uns zu Christen. Der Glaube an Christus gibt unserem Leben Halt und Stabilität. Wir dürfen unser Leben in seine Hände legen. Wir dürfen ihm all das geben, womit wir nicht fertig werden. Wir dürfen ihm aber auch das Positive geben. Unsere Gaben, unsere Kontaktfähigkeit, unser Organisationstalent. Christus will unserem Leben Sinn und Orientierung geben. Er kann für uns das sein, was ein Leuchtturm für Schiffe ist.

Kennen Sie die Geschichte von dem Schiff, auf dessen Radarschirm plötzlich ein unbekanntes Objekt erschien? Sie geht so: »Sagen Sie dem anderen Schiff, es soll seinen Kurs um 15 Grad ändern!«, befahl der Kapitän. Kurz danach empfing der Funker den Spruch: »Ändern Sie besser den Kurs um 15 Grad!« Empört ging der Kapitän selbst ans Funkgerät: »Sie wissen wohl nicht, mit wem Sie es zu tun haben? Hier spricht ein Kapitän der deutschen Bundesmarine. Ändern Sie sofort Ihren Kurs!« Antwort: »Geht leider nicht: Ich bin der Leuchtturm!«

Es ist sinnlos, mit einem Leuchtturm zu diskutieren. Leuchttürme sind nicht flexibel. Der Leuchtturm hat seinen festen Standort – und das ist gut so, denn sonst könnte er den Schiffen keine Orientierungshilfe sein. Ebenso verhält es sich mit unserem Christsein. Wir müssen uns nicht selbst das Licht geben, das wir zum Leben brauchen. Licht kommt nicht durch uns selbst, sondern durch etwas, was feststeht und unverrückbar ist: die Liebe Gottes. Und diese Liebe kann unser Leben zum Leuchten bringen.

16. »Ich fühle mich ständig benachteiligt«

*Herr S. erzählt: »Ich bin zusammen mit meinem älteren Bruder aufge-
wachsen. Er war mir in allem einen Schritt voraus. Ich habe mich neben
ihm immer so klein gefühlt. So geht es mir heute noch. Auf der Arbeit be-
neide ich die erfahrenen Kollegen, in der Gemeinde fühle ich mich nicht
richtig gesehen. Ich fühle mich ständig benachteiligt.«*

Gleich am Anfang der Bibel finden wir die Geschichte einer schwierigen Geschwisterbeziehung (1. Mose 4,3–15): »*Es begab sich aber nach
etlicher Zeit, dass Kain dem Herrn Opfer brachte von den Früchten des
Feldes. Und auch Abel brachte von den Erstlingen seiner Herde und von
ihrem Fett. Und der Herr sah gnädig an Abel und sein Opfer, aber Kain
und sein Opfer sah er nicht gnädig an. Da ergrimmte Kain sehr und senkte finster seinen Blick. Da sprach der Herr zu Kain: Warum ergrimmst
du? Und warum senkst du deinen Blick? Ist's nicht so: Wenn du fromm
bist, so kannst du frei den Blick erheben. Bist du aber nicht fromm, so
lauert die Sünde vor der Tür, und nach dir hat sie Verlangen; du aber
herrsche über sie. Da sprach Kain zu seinem Bruder Abel: Lass uns aufs
Feld gehen! Und es begab sich, als sie auf dem Felde waren, erhob sich
Kain wider seinen Bruder Abel und schlug ihn tot. Da sprach der Herr zu
Kain: Wo ist dein Bruder Abel? Er sprach: Ich weiß nicht; soll ich meines
Bruders Hüter sein? Er aber sprach: Was hast du getan? Die Stimme des
Blutes deines Bruders schreit zu mir von der Erde. Und nun: Verflucht
seist du auf der Erde (…). Wenn du den Acker bebauen wirst, soll er dir
hinfort seinen Ertrag nicht geben. Unstet und flüchtig sollst du sein auf
Erden. Kain aber sprach zu dem Herrn: Meine Strafe ist zu schwer, als
dass ich sie tragen könnte. Siehe, du treibst mich heute vom Acker, und ich
muss mich vor deinem Angesicht verbergen und muss unstet und flüchtig
sein auf Erden. So wird mir's gehen, dass mich totschlägt, wer mich findet.
Aber der Herr sprach zu ihm: Nein, sondern wer Kain totschlägt, das soll
siebenfältig gerächt werden. Und der Herr machte ein Zeichen an Kain,
dass ihn niemand erschlüge, der ihn fände.*«

Kain und Abel sind nicht die großen Unbekannten längst vergangener Zeiten. Sie leben mitten unter uns. Das hebräische Wort, das dem Namen Kain zugrunde liegt, heißt so viel wie »gewinnen«. Aus seinem Namen spricht der ganze Stolz der Eltern: »Schaut her, wir haben einen Sohn – und was für einen! Ein Volltreffer!« Der Name Abel zeigt in eine andere Richtung. Das hebräische Wort, das ihm zugrunde liegt, steht für »das Nichtige«, für »das, was hinfällig ist«. Die Namensgebung spiegelt ein Ungleichgewicht in der Geschwisterkonstellation. Abel steht im Schatten seines Bruders Kain. Wir beobachten Ähnliches auch in anderen biblischen Familien, etwa bei den Söhnen Isaaks und bei Josef und seinen Brüdern. Und wahrscheinlich nicht nur da. Kain und Abel stehen für die vielen Beziehungsfelder unter uns, wo gerungen wird um oben und unten, um Ansehen und Einfluss, um Sieg und Niederlage. Und es ist kein Geheimnis, dass sich in unserem Rollenverhalten immer auch etwas von dem zeigt, was uns die Eltern in die Wiege gelegt haben. Manche von uns fühlen sich von Geburt an als »Loser«, als unbedeutend und nichtig. Andere investieren viel in ein Leben, das sich sehen lassen kann, denn sie spüren: Die Welt belohnt die Erfolgreichen, die Gewinnertypen. Und deshalb tun wir viel, um zu denen zu gehören, die oben sind – nicht unten.

In der Geschichte von Kain und Abel passiert etwas Merkwürdiges. Gott kehrt das menschliche Bewertungsgefälle um. Oben ist auf einmal nicht mehr oben, und unten ist nicht mehr unten. Kain und Abel teilen Gemeinsamkeiten. Beide üben einen soliden Beruf aus, der eine Bauer, der andere Hirte. Beide versuchen, mit Gottes Hilfe etwas aus ihrem Leben zu machen. Beide opfern am Altar, sagt der Bibeltext. Und ohne Begründung steht da plötzlich: *»Der Herr blickte freundlich auf Abel und sein Opfer, aber Kain und sein Opfer schaute er nicht an.«* (1. Mose 4,4b.5a)

Was passiert hier? Was ist das für ein Gott, der seine Freundlichkeit dem einen gewährt und dem anderen verweigert? Kain muss sich doch gefragt haben: »Wieso der, wieso nicht ich?« Wahrscheinlich haben wir uns alle auch schon mal ertappt bei der Frage: »Warum fällt mir immer die Plombe aus dem Zahn, wenn es Sonntag ist? Warum muss ich immer im Stau stehen? Warum werde ich übersehen, wenn Beförderungen anstehen?« Der Kain in uns ist es nicht gewohnt, sich hinten anzustellen. Was ist das für ein Gott, der den Vorsprung, den ich mir so mühsam vor anderen erarbeitet habe, einfach übersieht? Theologisch gefragt: Warum leistet Gott sich das Vorrecht der freien Gnadenwahl? Paulus widmet diesem Thema in Römerbrief fast ein ganzes Kapitel – gipfelnd in der Aussage (Römer 9,15): *»Wem ich gnädig bin, dem bin ich gnädig.«* Wir fragen besorgt: »Lieber Gott, das ist ja schön und gut, wenn du entscheidest, wem du gnädig sein willst. Aber ist freie Gnadenwahl nicht einseitige Bevorzugung? Müsste ein gerechter Gott nicht alle gleich behandeln? Warum schaust du Abel freundlich an, warum nicht Kain? Warum hast du den einen als Pfau und den anderen als Wachtel erschaffen? Warum hast du Israel auserwählt, warum nicht Liechtenstein? Warum bin ich in der Klinik gelandet, warum nicht mein Chef, meine Schwiegermutter, mein Ex? Ganz ehrlich: Das finde ich nicht fair von dir, lieber Gott.«

Der Kain in uns hat Probleme mit der freien Gnadenwahl Gottes. Er sagt nicht: »Gott sieht das Opfer Abels freundlich an. Super! Er wird seine Gründe dafür haben.« Im obigen Bibeltext heißt es: *»Da ergrimmte Kain sehr und senkte finster seinen Blick.«* Der Kain in uns ist stinksauer, wenn er Benachteiligung wittert. Er fühlt sich zurückgesetzt. Er sieht in der Wertschätzung des anderen eine persönliche Abwertung. Und natürlich hängt das mit dem Selbstbild zusammen. Wenn ich eine hohe Meinung von mir selbst und eine nicht so hohe von einem anderen habe, dann möchte ich das bitte schön auch vom lieben Gott bestätigt haben. Aber Gott hat sein eigenes Bild. Worauf wir im Leben stolz sind, das muss Gott noch lange nicht beeindrucken. Und das, was unscheinbar und hinfällig daherkommt, ist in Gottes Augen durchaus ansehenswert.

Ich muss an einen jungen Mann denken, der mit 23 Jahren verstarb. Er arbeitete bis kurz vor seinem Tod in dem Jugendkreis mit, den ich als Teilnehmer besuchte. Sein Glaube, gelebt in der Hülle eines »hinfälligen« Lebens, hat mir und vielen anderen den Himmel geöffnet. Gott schaut freundlich auf das, was nach außen nicht so toll daherkommt. Das ist die gute Botschaft für die vielen Abels unter uns, die an ihrer Durchschnittlichkeit, ihrer Gebrochenheit, ihrem Nicht-mithalten-Können leiden. Aber der Kain in uns tut sich schwer mit dieser Freundlichkeit Gottes. Der Kain in uns gönnt dem Abel nicht die besondere Segnung.

An der Harvard University in Cambridge wurde einmal ein interessantes Experiment durchgeführt: Die Studenten wurden gefragt, ob sie lieber ein Jahreseinkommen von 100.000 Dollar haben wollen, während alle anderen 200.000 Dollar verdienen, oder ob sie 50.000 bekommen wollen, wenn alle anderen nur 25.000 Dollar erhalten. Die überwältigende Mehrheit entschied sich für die zweite Variante. Wir könnten doppelt so viel verdienen, aber viele würden darauf verzichten, wenn sichergestellt wäre, dass andere nur halb so viel verdienen würden wie sie.

Das Wort Neid ist abgeleitet vom althochdeutschen »nid«, das an die Begriffe »nieder«, »niedermachen«, »erniedrigen« anklingt. Ich weiß nicht, wer von Ihnen schon einmal gefangene Krebse beobachtet hat. Die Fischer sammeln sie in großen Körben. Das Besondere an diesen Körben ist, dass sie keinen Deckel haben. Nun sollte man meinen: Ganz schön dumm von den Fischern – die Krebse brauchen doch nur den Korb hochkriechen und weg sind sie. Aber die Fischer wissen, was sie tun. So leicht kommt kein Krebs davon. Immer wenn ein Krebs hochwill, holt ein Artgenosse ihn sofort wieder mit seinen Zangen herunter. Geht es unter uns nicht ähnlich zu? Nehmen wir nicht auch gern Menschen in die Zange, die sich von uns absetzen wollen? Machen wir andere nicht auch runter, wenn sie uns abgehoben erscheinen?

Gott mochte nicht, dass wir andere herunterziehen, um uns von ihnen abzuheben. Wenn er zu Kain sagt: »*Warum ergrimmst du?*«, heißt das mit anderen Worten: »Es gibt für dich gar keinen Grund, neidisch zu sein. Meine Freundlichkeit dem einen gegenüber bedeutet nicht zwangsläufig Unfreundlichkeit anderen gegenüber.«

Es ist ein Unterschied, ob ich mich benachteiligt fühle oder tatsächlich benachteiligt bin. Dem Gefühl der Benachteiligung gehen immer Bewertungen voraus. Der Kain in uns denkt in der Regel zu hoch von sich und zu gering vom anderen. Wir sehen die Unterschiede, wir vergleichen und dann fangen wir an, uns Gedanken zu machen. Auf einmal ist da das Gefühl: Der andere hat mehr – mehr von seinem Job, von seiner Gesundheit, vom Leben und natürlich auch von Gott. Aber die Frage ist doch: Ist das, was ich als Benachteiligung bewerte, wirklich Benachteiligung?

Die Geschichte von Kain und Abel lehrt uns eine wichtige Lektion: Die freie Gnadenwahl Gottes kann sich zwar in ganz unterschiedlichen Lebensführungen ausdrücken, aber sie sagt nichts aus über den Wert, den ein Leben vor Gott hat. Vor Gott sind wir alle gleich, auch wenn uns im Leben unterschiedlich viel gelingt. Es ist überhaupt nicht gesagt, dass die, die wir um gewisse Vorteile im Leben beneiden, wirklich mehr vom Leben haben als wir. Wir können in das Leben der anderen nicht hineinschauen und wir wissen nicht, wie sich das, was von außen so großartig aussieht, innen anfühlt. Wir wissen auch nicht, ob das, was nach außen gar nicht großartig aussieht, für die Betroffenen nicht doch einen großen Wert hat.

Ich erinnere mich an ein Gespräch mit einem Mann in den besten Jahren. Er hat seit seinem 15. Lebensjahr eine schwere Gehbehinderung. Er saß damals als Beifahrer auf einem Moped, als es zu einem schrecklichen Unfall kam. Er spürt die Folgen immer noch – 30 Jahre danach. Aber er ist alles andere als verbittert. Er sagte: »Durch die monatliche Unfallrente konnte ich mir mein Studium finanzieren, aufgrund meiner Gehbehinderung erlaubt mir mein Chef, einen Teil meiner Arbeit zu Hause zu erledigen, dadurch kann ich jeden Morgen mit meiner Frau gemütlich Kaffee trinken.« Ich hatte nicht eine Sekunde den Eindruck, dass da ein Mensch vor mir saß, der mit seinem Schicksal nicht ausgesöhnt wäre.

Die Geschichte von Kain und Abel lehrt uns, dass die Folgen von Neid verheerend sein können. Erst hackt man aufeinander herum – und am Ende stirbt das Leben. Ein solches Sterben macht selbst vor dem Altar des Herrn nicht Halt.

Aber Gott lässt uns unser beziehungsfeindliches Verhalten nicht durchgehen. Er fragt Kain: *»Wo ist dein Bruder Abel?«* Gott ist es nicht gleichgültig, wie wir mit denen umgehen, die uns zur Seite gestellt sind. Jeder von uns hat vielleicht seinen Abel, auf dem er gern herumhackt, den er manchmal sonst wohin wünscht. Aber wir können uns nicht wie Kain herausreden: *»Soll ich meines Bruders Hüter sein?«* Ich finde es bezeichnend, dass Jesus in der großen Rede vom Weltgericht nicht auf unseren persönlichen Sündenkatalog zu sprechen kommt, sondern von unseren Versäumnissen den Nächsten gegenüber spricht (Matthäus 25,31–46, hier Vers 43): *»Ich bin ein Fremder gewesen und ihr habt mich nicht aufgenommen. Ich bin nackt gewesen und ihr habt mich nicht gekleidet. Ich bin krank und im Gefängnis gewesen und ihr habt mich nicht besucht.«*

Ich kann die Frage nach Gott nicht von meiner Beziehung zum Nächsten trennen. Wo wir keine Verantwortung für einen Bruder, eine Schwester, einen Freund empfinden, da ist er in unserem Herzen bereits tot. Aber bedenken wir: Gott wird uns immer nach unserem Abel fragen, dem Menschen, der uns nervt, der uns zur Weißglut bringt. Und er wird uns danach fragen, ob wir unseren Gefühlen einfach freien Lauf gelassen haben. Neidgefühle schaden nicht nur dem menschlichen Miteinander, sie können auch dem eigenen Leben dauerhaft schaden.

Schauen wir uns das Leben Kains nach dem Brudermord an. Kain steht unter einem geheimnisvollen Fluch. Er muss erleben: Wer sich mit Gott überwirft, verliert nicht nur den Himmel, er kommt auch auf der Erde nicht mehr wirklich zurecht. Der »Lebensacker« bringt nicht mehr das hervor, was er sich von ihm erhofft hat. Kain steht für die vielen Menschen, die sich in die Arbeit stürzen und doch immer wieder von vorn anfangen müssen. Immer unterwegs und doch nirgendwo richtig daheim. Kain fürchtet auf einmal, so zu sterben, wie sein Bruder Abel starb. Die Angst treibt ihn in die Flucht. Er flicht vor Gott, vor Menschen und im Grunde genommen vor sich selbst.

Und dennoch: Trotz allem, was er sich geleistet hat – Kain ist nicht von Gott verlassen. Vielleicht ist das das Überraschendste an der Geschichte von Kain und Abel. Gottes Urteil über Kain fällt überraschend milde aus. Gott gibt ihm ein Zeichen. Ein Zeichen, das ihn und uns daran erinnern soll: Gott gibt den schuldig gewordenen Menschen nicht auf. Er steht unter Gottes persönlichem Schutz. Keiner darf sich ungestraft an den Kains dieser Welt vergreifen. Der schuldig gewordene Mensch darf auf Gottes Segen hoffen. »Segnen« kommt vom lateinischen »signare« und bedeutet so viel wie »kennzeichnen«. Das berühmte Kainsmal ist nichts anderes als der Hinweis, dass Gott »segnen« will, auch den, der sein Dasein jenseits von Eden fristen muss.

Ich habe mir erzählen lassen, dass irgendwo in einer der vielen Kirchen Spaniens ein außergewöhnliches Kreuz hängen soll. Es zeigt einen Gekreuzigten, der sich vom Nagel gelöst hat und sich zu den Menschen hinunterbeugt. Mit diesem Kreuz, so erzählen sich die Menschen in dieser Region, soll es folgende Bewandtnis haben: Ein Mann war zum Geistlichen gekommen und wollte seine Sünde beichten. Der Geistliche nahm ihm die Beichte ab und ermahnte ihn, ein neues Leben zu führen. Aber es dauerte nicht lange, da stand der Mann wieder vor ihm mit der gleichen Sünde. Dieses Szenario wiederholte sich einige Male. Schließlich platzte dem Geistlichen der Kragen: »Ich kann dir nicht mehr die Absolution erteilen. Ich habe den Eindruck, deine Reue ist gar nicht echt. Du machst ja doch, was du willst.« In diesem Augenblick soll sich der gekreuzigte Christus vom Kreuz herabgebeugt und gesagt haben: »Wenn du ihm nicht vergeben kannst, dann vergebe ich ihm.« Christus hält unsere Sündenlast aus. Er ist immer für uns da, wenn wir mit unserer Sünde zu ihm kommen. Das ist die gute Nachricht für all die Kains unter uns, die vielleicht noch Leichen im Keller haben, die mit dunklen Geheimnissen durchs Leben gehen, die auf der Flucht sind vor Gott, vor Menschen und vor sich selbst.

17. »Ich verstehe die Bibel nicht«

»Mein Pastor meinte, ich solle mehr in der Bibel lesen, das würde helfen.
Ich habe mich wirklich bemüht, Herr Grund, aber ich verstehe die Bibel
nicht. In sieben Tagen schuf Gott Himmel und Erde. Wie soll das gehen?
Methusalem starb mit 969 Jahren. Da stimmt doch was nicht. Und die
Geburt Jesu eine Jungfrauengeburt? Das glauben Sie doch selbst nicht.«

Die Bibel ist schon erstaunlich. Sie ist das meistverkaufte Buch der
Welt. Kein anderes Buch ist häufiger übersetzt worden. Inzwischen
liegt die Bibel (oder zumindest Teile von ihr) in weit mehr als 3000
Sprachen vor. Wussten Sie zum Beispiel, dass die Eskimos in Grön-
land schon seit 1744 die Evangelien in ihrer eigenen Sprache lesen
können? Der Schauspieler Ben Becker füllte Theaterhallen mit Bibel-
lesungen. »Ich kenne kein anderes Buch«, so der Schauspieler, »das so
ungeschminkt und wirklichkeitsnah Auskunft über das wahre Leben
gibt.«
   Aber das ist nicht die ganze Wahrheit über dieses Buch. Die meisten Menschen wissen mit der Bibel nicht mehr viel anzufangen. Jede
Lufthansa-Maschine ist mit einer Bibel ausgerüstet, aber die freundlichen Stewardessen reichen an Bord Zeitungen und Illustrierte, die
Bibel dagegen liegt bestens verstaut bei der Notfallausrüstung, gut
für den Notfall, für den alltäglichen Linienservice offensichtlich unbrauchbar.
   Ein Schweizer Pastor suchte per Zeitungsinserat gebrauchte Bi-
beln. Ein Gastwirt meldete sich mit dem Hinweis, er habe jede Men-
ge neuer Bibeln zu verschenken. »Nanu«, dachte sich der Pastor, »ein
Gastwirt, der Bibeln verschenkt? Das muss ich mir mal näher an-
schauen.« Er fuhr hin – und tatsächlich: In einem Nebenraum der
Kneipe lagen 62 druckfrische Exemplare schön gestapelt auf einem
Tisch. »Wie kommen Sie denn zu so vielen Bibeln?«, fragte der Pastor.
»Tja«, erwiderte der Gastwirt, »sehen Sie die Kirche gegenüber? Viele
Paare, die sich dort trauen lassen, schauen danach noch mal bei mir

rein. Und wenn sie gehen, lassen sie die Hochzeitsbibel, die ihnen der Pastor geschenkt hat, einfach liegen.«

So ist das mit der Bibel. Sie ist mit dabei an den großen Schnittstellen des Lebens – Taufe, Konfirmation, Trauung –, aber eigentlich kommt man im Leben auch ganz gut ohne sie aus. Fragt man Menschen, was sie von der Bibel halten, sagen viele: »Eigentlich habe ich nichts gegen die Bibel, aber wenn ich ehrlich bin, ist das für mich ein Buch mit sieben Siegeln. Irgendwie fehlt mir der Zugang dazu.«

Entdeckung Nr. 1: Die Bibel ist viel mehr als ein Lesebuch

Sie ist ein Buch für Menschen mit einer großen Sehnsucht – der Sehnsucht nach Sinn und Halt, nach Trost und Hoffnung. Goethe drückte seine Wertschätzung für die Bibel einmal so aus: »Wenn ich in ein Gefängnis geworfen würde und nur ein Buch mitnehmen dürfte, wählte ich die Bibel.« In den Grenzsituationen des Lebens, wenn mir genommen wird, was ich so sicher glaubte, die Karriere, die Gesundheit, der Mensch, den ich liebe, in diesen Situationen frage ich danach, was trägt, was durchhilft, was Perspektive gibt. Wer die Bibel aufschlägt, begegnet einer anderen Welt. Die Bibel ist Gottes Liebesbrief an uns Menschen.

Gott sagt: »Ich bin interessiert an dir. Ich will mit dir reden. Ich will dir meine Worte mitteilen und meine Worte sind nicht irgendwelche Worte. Meine Worte sind voller Leben. Ich lade dich ein, Erfahrungen mit diesen Worten zu machen.« Was könnten das für Erfahrungen sein?

»Meine Worte sind wie ein reich gedeckter Tisch.« Vom Propheten Jeremia ist der Satz überliefert: »*Dein Wort ward meine Speise, sooft ich's empfing.*« (Jeremia 15,16)

»Worte der Bibel machen Menschen, die nach Leben hungern, satt. Meine Worte sind wie Blätter, die nie verwelken. Sie halten das Leben frisch.« In den Psalmen lesen wir: »*Glücklich ist, (…) wer Freude hat am Gesetz des Herrn (…). Er ist wie ein Baum, der nah am Wasser gepflanzt ist, (…) dessen Blätter nie verwelken.*« (Psalm 1,1–3)

»Meine Worte sind wie eine Taschenlampe. Sie geben Orientierung in dunkler Nacht.« Und wieder die Psalmen: »*Dein Wort ist meines Fußes Leuchte und ein Licht auf meinem Wege.*« (Psalm 119,105)

»Meine Worte sind wie eine Leitplanke auf der Autobahn. Sie helfen, die Spur zu halten, sie verhindern unliebsame Zusammenstöße.« Denken wir nur an die Zehn Gebote – Gottes Schutzmaßnahmen für eine sich selbst zerstörende Welt (2. Mose 20).

»Meine Worte sind wie ein Röntgenstrahl. Sie treffen Menschen in Mark und Bein. Sie durchdringen selbst die verborgensten Winkel des Lebens.« Ein untrügliches Diagnoseinstrument (Hebräer 4,12).

Im Alten Testament gibt es eine Geschichte mit tiefer Symbolik. Sie steht in Jeremia, Kap. 38, und handelt von der misslichen Lage des Propheten Jeremia. Der war ein unbequemer Mann. Er prangerte die Missstände schonungslos an. Dafür warfen ihn die Mächtigen in eine Zisterne. Das Loch war tief und voller Schlamm. Er konnte sich selbst nicht befreien. Aber ein Hofbeamter meinte es gut mit ihm. Er ließ ein Seil aus alten Flicken und Lumpen zu ihm hinunter und forderte ihn auf, sich an das Seil zu hängen. Und Jeremia ließ sich nicht zweimal bitten. Er hat sich nicht gesagt: »Was ist denn das? Flicken und Lumpen – so etwas soll mich retten?« Er hat das merkwürdige Seil einfach ergriffen. Die Bibel ist wie ein Seil, das aus der Tiefe rettet. Manches in ihr erscheint merkwürdig, irgendwie von gestern, verbraucht und alt. Aber es lohnt sich, sich an Worte der Bibel zu hängen. Von ihnen geht eine Kraft aus, die nach oben zieht.

Ein Junge aus dem afrikanischen Hochland, der hörte, wie ein Missionar Geschichten aus der Bibel erzählte, hat ihre Wirkung einmal so beschrieben: Die Geschichten aus der Bibel hätten »Löcher in mein Herz gemacht«. Die Bibel ist nicht einfach nur Menschenwort. Die Bibel macht Löcher ins Herz. Sie gibt mehr, als wir Menschen uns mit Worten geben können. Sie führt hinein in die tiefsten Begegnungen. Ich begegne mir selbst, ich sehe die Menschen um mich herum und Gott in einem anderen Licht.

Der französische Philosoph Voltaire ging davon aus: In hundert Jahren würde kein Mensch mehr die Bibel lesen. Wie man sich täuschen kann. Hundert Jahre später wurden immer noch Bibeln gedruckt, und zwar – Ironie der Geschichte – auf derselben Druckerpresse, auf der schon Voltaires Schriften vervielfältigt worden waren. Gott hat Humor. Die Bibel ist nicht totzukriegen. Sie ist voller Leben. Sie spricht für sich selbst.

Es gibt Menschen, die wollen gern glauben, dass die Bibel voller Leben ist, aber wenn sie die Bibel lesen, verstehen sie nur Bahnhof. Deshalb möchte ich auf eine zweite Entdeckung aufmerksam machen, die helfen kann, unsere Verlegenheit im Umgang mit der Bibel zu überwinden.

Entdeckung Nr. 2: Die Bibel ist ein Arbeitsbuch

Das klingt zunächst einmal alles andere als aufregend – und doch ist es wichtig. Als ich als junger Mann die Bibel entdeckte, war ich fasziniert von dem Buch. Ich fing an zu lesen, von vorne nach hinten, jeden Tag ein Kapitel. Doch schon im 3. Buch Mose verließ mich meine Begeisterung. Irgendwo zwischen Brandopfer und Speisegesetzen stellte ich dann das Lesen ganz ein. Der große Bibeltheologe Adolf Schlatter hat einmal gesagt: »Die Bibel ist kein müheloser Besitz. Sie erfordert Denkbemühung.« Von Martin Luther ist der Satz überliefert: »Ich zwar hab nun etliche Jahr' her die Bibel jährlich zweimal ausgelesen; und wenn sie ein großer mächtiger Baum wäre und alle Wort' wären Ästlein und Zweige, so hab ich doch an allen Ästlein und Reislein angeklopft und gerne wissen wollen, was daran wäre und was sie vermöchten, und allezeit noch ein paar Äpfel oder Birnlein heruntergeklopft.« Die Bibel ist ein Kompendium aus 66 verschiedenen Büchern, das von mindestens 39 Verfassern über einen Zeitraum von 1500 Jahren zusammengestellt worden ist. Sinnzusammenhänge erschließen sich erst, wenn wir – wie Schlatter das ausdrückt – unser »Denken bemühen«. Das macht Arbeit.

Nicht jeder ist bereit, diese Denkarbeit auf sich zu nehmen. Und so kommt es immer wieder zu Missverständnissen und Fehldeutungen. Auf drei typische Fehldeutungen möchte ich eingehen:

Manche benutzen die Bibel als eine Art Gesetzbuch
Sie haben die Vorstellung: Weil jedes Wort von Gott ist, muss ich alles ohne Wenn und Aber befolgen. Vielleicht mache ich gute Erfahrungen mit dem Bibelwort in 1. Timotheus 5,23: »*Übrigens sollst du nicht immer nur Wasser trinken. Nimm ab und zu auch etwas Wein wegen deines Magens.*« Aber was mache ich mit der Anweisung Jesu in Matthäus 5,29? »*Wenn dich aber dein rechtes Auge verführt, so reiß es aus und wirf's von dir.*« Warum folge ich an der einen Stelle dem Buchstaben und an der anderen nicht? Wenn ich nur den Buchstaben sehe, sehe ich nicht genug. Ich muss den tieferen Sinnzusammenhängen auf die Spur kommen und dazu brauche ich wenigstens drei Hilfen: fleißiges Bibelstudium, den Rat der lieben Brüder und Schwestern und die Hilfe des Heiligen Geistes.

Ein anderes Problem ist der selektive Gebrauch der Bibel
Die Bibel wird zu einer Art Selbstbedienungsladen, aus dem man sich nimmt, was man gerade braucht. Ich weiß noch, wie ein junger Mann mir ganz aufgeregt erzählte, Gott habe durch sein Wort zu ihm gesprochen. Er wisse jetzt endlich, wer seine Frau würde. Nur dumm, dass die Angebetete nichts davon wusste. Zu ihr hatte Gott ganz anders geredet. Oft stehen ungestillte Sehnsüchte und Wünsche hinter dem, was wir »biblische Erkenntnis« nennen. Wir sollten uns nichts vormachen. Keiner von uns ist ein leeres Blatt, wenn er die Bibel aufschlägt. Wir alle bringen etwas mit, unsere Prägungen, Vorlieben und Erfahrungen. Und das, was wir mitbringen, bestimmt in der Regel auch unsere Einstellung zur Bibel. Viele Sonderlehren der Christenheit sind entstanden auf dem Hintergrund von Erfahrungen, für die man erst im Nachhinein eine biblische Begründung gefunden hat.

Manche benutzen die Bibel auch als eine Art Orakelbuch
Jemand kam einmal mit der aufgeschlagenen Bibel in der Hand zu mir und sagte: »Hier steht es, Judas 23: ›*Hasset auch den Rock.*‹ Ich wusste es schon immer: Gott ist gegen die Rockmusik!« Das steht da wirklich so in der alten Lutherbibel von 1912. Aber es geht hier nicht

um Musik, sondern – wie der Textzusammenhang zeigt – um gottloses Leben im Allgemeinen. Wenn es um das Verstehen der Bibel geht, brauchen wir Verständnishilfen. Man muss nicht unbedingt Theologie studieren, um die Bibel zu verstehen, aber man sollte zum Beispiel nach dem Kontext einer Bibelstelle fragen. In welchem Textzusammenhang steht das Bibelwort, das ich jetzt gerade lese oder das ich nicht verstehe? Der große Prediger Spurgeon hat das Verhängnis, das mich ereilt, wenn ich die Textgeschichte außer Acht lasse, eindrücklich auf den Punkt gebracht: Man nehme nur einmal den Satz *»Und Judas ging davon (...) und erhängte sich«* (Matthäus 27,5) und kombiniere ihn mit dem Satz aus einem Gleichnis Jesu: *»So geh hin und tu desgleichen!«* (Lukas 10,37) Eine absolut tödliche Kombination.

Wenn es um das Verständnis der Heiligen Schrift geht, haben wir nicht nur auf einzelne Stellen, sondern auf die übergeordneten Zusammenhänge zu achten. Da mag eine Sache wörtlich nirgends auftauchen, zum Beispiel die Teilnahme von Frauen am Abendmahl, und dennoch macht sie Sinn, weil sie nicht dem Grundkonsens der Heiligen Schrift widerspricht. Andererseits kann eine Haltung mit einem Bibelzitat belegt werden und widerspricht trotzdem dem Willen Gottes. Denken wir an die Argumentation des Versuchers in Matthäus, Kap. 4; er zitiert ausgiebig die Bibel (5. Mose und Psalmen), um Jesus dazu zu bringen, Dinge zu tun, die offensichtlich nicht gottgefällig sind. Jesus entlarvt die Bibelfestigkeit des Versuchers als einen infamen Versuch, ihn aufs Glatteis zu führen. Nur die Bibel zu zitieren ist zu wenig, man muss sich schon ein wenig mehr Mühe machen.

Die Bibel ist nicht einfach vom Himmel gefallen, sondern redet von Gottes Geschichte in Raum und Zeit. Eine ganz typische Formulierung im Alten Testament ist eine Formulierung wie etwa in Jeremia 36,1: *»Im vierten Jahr (...), des Sohnes (...), des Königs von Juda, geschah das Wort des Herrn (...).«* Was im Anschluss geschildert wird, kann ich nicht einfach eins zu eins in mein Leben übertragen. Ich muss die überzeitlichen Prinzipien hinter den Ereignissen entdecken. Paulus' Spitzensätze zur Stellung der Frau kann ich nicht verstehen, wenn ich die gesellschaftliche Situation der antiken Frau ausblende.

Paulus beruft sich immer wieder auf das Sittlichkeitsempfinden der damaligen Welt. Das Kopftuch zum Beispiel unterschied die bürgerlich anerkannte Frau von der Prostituierten. Weil Paulus nicht will, dass christliche Frauen in Verruf kommen, spricht er sich für die Kopfbedeckung der Frau aus (1. Korinther 11,5). Wir müssen das zeitlose geistliche Prinzip, das hinter dem Verhalten steht, verstehen. Was könnte das für ein Prinzip sein? Allgemeingültig würde es wie folgt lauten: »Gebt der Welt durch euer ungebührliches Verhalten nicht unnötig Anstoß!« So verstanden, kann ich die Kopfbedeckung auch weglassen, denn in unserer westlich geprägten Kultur wird die Kopfbedeckung anders empfunden als in der antiken oder der orientalisch geprägten Kultur.

Und schließlich ist noch etwas ganz wichtig. Die Bibel ist keine glatte Fläche, auf der Aussage neben Aussage steht. Wie Fluchtlinien laufen die Texte der Bibel auf eine Mitte zu. Theologen sprechen von der »Heilsgeschichte«.

Mir steht ein Bild aus dem Physikunterricht vor Augen. Ein weißer Lichtstrahl, der auf ein Prisma trifft, bricht sich in verschiedene Spektralfarben. Die Bibel ist eine Literatursammlung aus mehr als tausend Jahren. Da gibt es viele Farben und Zwischentöne. Aber so wie mehrere Spektralfarben aus einem Lichtstrahl kommen und mehrere Instrumente eine Harmonie bilden, so zeigen alle Bibelteile auf eine Mitte: Und diese Mitte hat einen Namen: Jesus Christus. Wir müssen die Bibeltexte hin auf Jesus lesen und von Jesus her verstehen.

Die Bibel ist mehr als ein Lesebuch. Sie ist ein Lebensbuch. Sie möchte uns helfen, Leben mit Leben zu füllen, Leben, das hält – in guten wie in schlechten Zeiten. Und sie ist ein Arbeitsbuch. Indem wir Textgeschichte, Zeitgeschichte und Heilsgeschichte befragen, erschließt sich uns der tiefere Sinn.

18. »Ich brauche keinen Gott – ich habe Fußball«

»Ohne Fußball fehlt meinem Wochenende der Sinn«, gesteht der junge Herr F. »Ich schlafe in der Bettwäsche meines Lieblingsvereins. Ich dekoriere mein Zimmer nach den Vereinsfarben. Ich habe mir sogar das Vereinswappen auf die Haut tätowieren lassen. Nach Niederlagen kann ich schlecht schlafen, aber die Vorfreude auf das nächste Spiel hält mich lebendig. Ich brauche keinen Gott, ich habe Fußball.«

Der französische Schriftsteller Albert Camus hat einmal gesagt: »Alles, was ich über Moral und Verpflichtungen weiß, verdanke ich dem Fußball.« Der Fußball als Lehrmeister des Lebens? Was verdanken Menschen dem Fußball? Beste Unterhaltung, gesellige Runden mit Freunden, hitzige Debatten? Was macht die Faszination Fußball aus? Fußball kennt sich mit den Grundbedürfnissen der Menschen aus. Fußball weckt Emotionen, wirkt identitätsstiftend, stärkt den Zusammenhalt, bedient unsere Größenfantasien. Der Glaube an die eigene Mannschaft hebt den Einzelnen über sich hinaus. Dabei kommt es zu kollektiven Erlösungserfahrungen. Das finden Sie übertrieben? Campino, Sänger der »Toten Hosen«, sagt: »Jeder sollte an irgendetwas glauben, und wenn es an Fortuna Düsseldorf ist.«

Der Fußballfan ist einer höheren Welt verhaftet. Er weiß es nur nicht. Das etymologische Wörterbuch liefert erstaunliche Einsichten. Ursprünglich leitet sich »Fan« von »fanaticus« ab, was so viel bedeutet wie »religiös erleuchtet«, »von der Gottheit ergriffen«. Seit dem 18. Jahrhundert hat sich der Begriff aus dem religiösen Kontext gelöst. Dennoch lassen sich bis heute Verbindungen zum religiösen Ursprung des Wortes nachweisen. Die »Fangemeinde« »pilgert« zu den Spielen, verfolgt »andächtig« das Geschehen auf dem »heiligen Rasen«, stimmt »weihevolle Gesänge« an. Wer die erleuchteten Augen der irischen Fans bei Fußballgroßereignissen sieht, denkt, er wäre bei einer Erweckungsveranstaltung.

Der Fußballfan ist religiöser, als er glaubt. Spielertrikots sind nicht einfach Kleidungsstücke. Sie werden wie Reliquien gehandelt. Ein Messi-Trikot wurde für 12.012 Euro ersteigert! Torschützen sind keine normalen Fußballspieler. Sie werden wie Heilige verehrt. Der Spieler, der das entscheidende Tor schießt, wird als Erlöser gefeiert. Die »Fußballheiligen« müssen anders als die Heiligen der Kirche nicht moralisch einwandfrei leben, sie müssen lediglich für einen Moment über etwas verfügen, was sie dem Mittelmaß enthebt und ihnen öffentliche Aufmerksamkeit schenkt. Der italienische Coach Cesare Prandelli ließ sein Team vor der Europameisterschaft 2012 von einem Priester segnen. Waren sie deshalb gegen die Deutschen so gut? Aber warum haben sie dann gegen Spanien verloren?

Der Glaube an höhere Mächte hat längst Einzug gehalten im Fußballgeschäft. Das Fanmagazin des FC Schalke 04 heißt nicht »Unser Schalke«, sondern »Schalke Unser«. Eine neureligiöse Bewegung um den argentinischen Superstar Maradona macht in Argentinien von sich reden. Sie soll inzwischen mehr als 40 000 Mitglieder haben. Sie hat sogar eine eigene Version des Vaterunsers bekannt gemacht, das »Diego unser« …

Ist das alles überhaupt noch Fußball? Ist das nicht schon Religion? Und wenn es Religion ist, wie ist diese Religion aus der Sicht eines Christen zu bewerten?

Der Glaube an den »Fußballgott« hat viele Gemeinsamkeiten mit dem Glauben an den Christengott. Fußballfans und Christusgläubige brauchen etwas, woran sie glauben, brauchen etwas, das sie dem Alltagseinerlei enthebt. Der Fußballgott stärkt den Zusammenhalt. Fußballfans lieben die Gemeinschaft. Fans sind nie allein. Sie sind Teil einer größeren Gemeinschaft. Als ein Fan an Blutkrebs erkrankte, warb die Fangemeinschaft seines Vereins mit einer Fahne um Unterstützung: »Gemeinsam für Phil.« Ähnliches kann man in christlichen Gemeinden erleben. Es werden keine Transparente aufgehängt, aber Christen beten füreinander. Der Fußballgott weckt Emotionen. Fußballfans lieben den Gesang. Der Engländer Michael Dennis hat über 20 000 Fankurven-Gesänge aus aller Welt gesammelt. Er stellt sie auf seiner Homepage »fanchants.com« zur Verfügung.

Es gibt durchaus Gemeinsamkeiten zwischen dem Fußballgott und dem Christengott, aber es gibt auch unübersehbare Unterschiede. Ersterer ist eine launische Diva. Die, die oben stehen, können ganz schnell fallen. Ein dummer Konter, ein nicht gegebener Elfmeter, ein unberechtigter Platzverweis – und schon wendet sich das Blatt. Am Ende gewinnen nicht immer die, die es verdient hätten. Es kann immer auch ganz anders kommen. Der Gott der Christen ist weder launisch noch unberechenbar. Auf ihn kann ich mich verlassen. »*Nichts war ausgeblieben von all dem Guten, das der Herr seinem Volk Israel versprochen hatte. Es war alles eingetroffen*«, bekennt ein sichtlich erstaunter Josua nach der Besiedlung Kanaans (Josua 21,45). Gott hält, was er verspricht. Bei Gott weiß man, wo man dran ist. Da wirst du nicht verpfiffen, verschoben oder manipuliert. Der Psalmbeter sagt: »*Herr, du bist gerecht, und deine Urteile sind richtig.*« (Psalm 119,137)

Der Fußballgott weiß nicht, wie man verliert. Er kann nur gewinnen. Im Fußball ist das Glücksgefühl immer an die Erfolge der Mannschaft gebunden. Wehe, man verliert, scheidet aus, steigt ab! Bayern München beendete die Saison 2011/12 mit einer beispiellosen Erfolgsbilanz: Sie standen im Champions-League-Finale, im deutschen Pokalfinale, waren im Kampf um die deutsche Meisterschaft lange an der Tabellenspitze der Bundesliga und erreichten das A-Jugend-Finale. Das Problem: In allen Wettbewerben zogen sie am Ende den Kürzeren. Der »Fußballgott« feiert mit den Siegern, die Verlierer beachtet er nicht.

Im Gegensatz zum Fußballgott hat der Gott der Christen eine Schwäche für die Verlierer. Gott sagt: »*Meine Kraft vollendet sich in der Schwachheit.*« (2. Korinther 12,9) Gott macht sich nicht vom Acker, wenn wir das Tor nicht mehr treffen. Er leidet mit, wenn er uns leiden sieht. Er leidet an unseren Verfehlungen (Hebräer 2,17.18). Er leidet an unseren Tränen, die wir weinen (Offenbarung 21,4). Er leidet, wenn er uns »*mühselig und beladen*« sieht (Matthäus 11,28).

Dem Gott der Christen ist unser Schicksal nicht gleichgültig. Er steigt sogar mit uns ab – bis in die untersten Ligen. Er ist gerade dann für uns da, wenn wir ihn am nötigsten brauchen. Es gibt nichts Tröstlicheres, als jemanden in der Nähe zu wissen, der da ist, der mitleidet, der bereit ist, selbst Ohnmacht zu durchleben. Vielleicht ist das der markanteste Unterschied. Der Gott der Christen macht uns Menschen nicht zu kleinen Göttern, sondern zu wirklichen Menschen. Denn nirgendwo sind wir mehr Mensch als da, wo wir erleben, dass wir ausgehalten werden mit unserer Durchschnittlichkeit und unseren Abstiegen.

Noch etwas macht den Unterschied: Der Fußballgott ist nicht frei von Nebenwirkungen. Das Fußballvergnügen bindet Zeit – Zeit, die wir durchaus für Sinnvolleres nutzen könnten. Wir reden uns ein, mit unserer Freizeit zu tun, was wir wollen, dabei macht sie mit uns, was sie will. Unsere Freizeit ist gar nicht so frei. Die Annehmlichkeiten des Lebens bestimmen Kurs und Tempo. Irgendwie sitzen wir in der Falle, denn Wünsche, die einmal geweckt sind, wollen befriedigt werden. Man fiebert von einem Erlebnishöhepunkt zum nächsten. Das Leben degeneriert zu einer endlosen Serie von »Erlebniskicks«.

Zerstreuungen sind durchaus nützlich. Der französische Philosoph Blaise Pascal wies darauf hin: »Alles Unglück der Menschen entstammt der Unfähigkeit, in Ruhe allein in ihrem Zimmer bleiben zu können. (…) Die Zerstreuung ist für die Leute von Welt so notwendig, dass sie ohne sie unglücklich sind.« Wir alle brauchen Zerstreuungen als Ausgleich. Aber als Lebensinhalt werden sie zur Falle. Denn mit Annehmlichkeiten aufgefüllte Zeit ist noch keine erfüllte Zeit. Pascal sagt weiter: »Das Einzige, was uns in unserem Elend tröstet, ist die Zerstreuung, und dabei ist sie die Spitze unseres Elends, denn sie ist es, die uns grundsätzlich hindert, über uns selbst nachzudenken.«

Ein Spiel dauert 90 Minuten. Wenn die 90 Minuten herum sind, gibt es vielleicht noch 30 Minuten Verlängerung, notfalls noch Elfmeterschießen. Das Spiel des Lebens dauert länger. Irgendwann ertönt für uns alle der Abpfiff. Und dann geht es um die Frage: Was erwartet uns in der Nachspielzeit des Lebens? Der Gott der Christen drückt sich um die Antwort nicht herum. Er, der uns im Leben schon ein verlässlicher Begleiter war, trägt uns auch im Sterben durch. *»Denn ich bin gewiss, dass weder Tod noch Leben (…) uns scheiden kann von der Liebe Gottes, die in Christus Jesus ist, unserm Herrn«,* bekennt Paulus (Römer 8,38.39).

Fußball kann begeistern, für viele ist es die schönste Nebensache der Welt. Das darf auch so bleiben. Denn die Leistungsbilanz ist bescheiden. Der Fußballgott kann, wenn es um die Hauptsache, um die wesentlichen Fragen des Lebens geht, nur bedingt überzeugen.

19. »Ich sehne mich nach echter Freundschaft«

»Ich stehe gut da mit meinem Leben«, sagt Herr I. »Ich habe mehr erreicht, als ich mir erträumt hätte. Ich werde geachtet auf der Arbeit. Ich habe eine Frau, gesunde Kinder, ein Haus und einen Mercedes. Ich habe viele Menschen um mich herum, die mir respektvoll begegnen, aber tief im Innern sehne ich mich nach mehr. Ich sehne mich nach echter Freundschaft.«

Das Allensbacher Institut hat untersucht, was uns im Leben wichtig ist. »Gute Freunde zu haben« finden 85 Prozent der Befragten unverzichtbar. »Für die Familie da zu sein« liegt mit 78 Prozent schon dahinter; und »Erfolg im Beruf zu haben« folgt mit 54 Prozent abgeschlagen auf Platz zehn. Freunde sind uns sehr wichtig. Wir alle leben davon, dass es Menschen gibt, denen wir etwas bedeuten.

Manchmal sagen Patienten: »Wenn du denkst, dass du irgendwo angekommen bist, ist es meistens schon wieder Zeit zu gehen. Am Anfang interessieren sich die Menschen für dich, dein Schicksal, deine Beschwernisse. Aber wenn es nicht besser wird, wenn du immer nur die gleichen deprimierenden Geschichten erzählen kannst, dann wird es ganz schnell einsam um dich herum.« Die Erfahrung, Freunde zu verlieren, ist gar nicht so selten. Die amerikanische Soziologin Jan Yager forscht seit vielen Jahren über das Thema Freundschaft. 64 Prozent aller Befragten gaben in einer ihrer Studien an, schon einmal von einem Freund verraten worden zu sein. Die Symptome danach reichten von rasender Wut und Verzweiflung bis hin zu Angststörungen und Depressionen.

Das Alte Testament erzählt die Geschichte einer in die Krise geratenen Freundschaft. Da ist auf der einen Seite Saul, ein groß gewachsener Mann aus kleinen Verhältnissen (1. Samuel 9,1.2.21). Der Prophet Samuel salbt ihn zum ersten König in Israel (1. Samuel 9–10). Und da ist auf der anderen Seite der kleine Hirtenjunge David, der groß von sich reden macht. Er besiegt den Riesen Goliath – nicht mit Bizeps, sondern mit Hirn und ausgebuffter Waffentechnik, einer Steinschleuder (1. Samuel 17). Und er besiegt die Schwermut des Königs – nicht mit Psychopharmaka, sondern mit Harfenkonzerten (1. Samuel 16,23). Saul ist sichtlich beeindruckt von David. In 1. Samuel 16,21 lesen wir: »*Und Saul gewann ihn sehr lieb.*« Der Beginn einer beeindruckenden Männerfreundschaft.

Aber die Freundschaft hält nicht lange. Der gute Freund, der mutige Krieger, der Tröster für schwere Stunden wird immer beliebter im Volk. Gift für die Beziehung. Saul gönnt David seine Beliebtheit nicht. Er fühlt sich abgewertet, unterlegen. In 1. Samuel 18,12 steht der verräterische Satz: »*Saul fürchtete sich vor David; denn der Herr war mit ihm.*« Plötzlich greift die Angst um sich: Angst vor Bedeutungslosigkeit; Angst, einem Stärkeren ausgeliefert zu sein; Angst, auf der Strecke zu bleiben. Der Sozialpsychologe Tobias Brocher schreibt in seinem Buch »Zwischen Angst und Übermut«: »Wir müssen rennen und uns gegenseitig hetzen, um die eigene Bedeutung zu erhöhen und uns Geltung oder einen Platz an der Sonne zu verschaffen, weil wir dauernd von der Angst gejagt werden, sonst in ein Nichts und eine Bedeutungslosigkeit zurückzusinken, die es uns dann nicht mehr erlauben würde, die unendlich gewachsenen und aufgeblähten Ansprüche zu erfüllen, die wir an das Leben stellen.«

Saul hat Angst, in ein »Nichts«, in die »Bedeutungslosigkeit« zu fallen. Hilflose Annäherungsversuche werden von unkontrollierten Wutausbrüchen abgelöst. Mit Müh und Not übersteht David zwei Attentatsversuche (1. Samuel 18,10.11; 19,10). David kann es nicht fassen. Aus dem väterlichen Freund ist ein erbitterter Feind geworden. Aber mitten in der Krise mit Saul findet David einen neuen Freund. Interessanterweise wird der Sohn des alten Freundes sein neuer Freund. Und diese Freundschaft hält ein ganzes Leben lang. Als Jonatan stirbt, komponiert David ein Lied, in dem es heißt: »*Mein Bruder Jonatan, wie schmerzt mich dein Verlust! Du warst mir lieber als der größte Schatz der Welt. Niemals kann die Liebe einer Frau ersetzen, was deine Freundschaft mir bedeutet hat.*« (2. Samuel 1,26)

Ich habe mich gefragt: Was war anders? Worin unterschied sich die alte Freundschaftsbeziehung Davids mit Saul von der neuen Beziehung mit Jonatan? Was war das Besondere an dieser Beziehung?

Beobachtung Nr. 1: Ein guter Freund ist einer, der sich an meinen Erfolgen mitfreuen kann

Jonatan hat keine Probleme mit der Beliebtheit Davids. Er sieht in der Beziehung zu David nicht zuerst das, was er sich für sich selbst wünscht. Er teilt mit ihm von Anfang an die Insignien der Macht: Mantel, Gürtel, Bogen und Schwert (1. Samuel 18,4). Er kann sogar sagen: »*Du wirst König über Israel werden und ich werde der zweite Mann nach dir sein.*« (1. Samuel 23,17) Es macht ihm nichts aus, im Schatten eines anderen zu stehen. Und er tut alles, damit die Qualitäten Davids zur vollen Entfaltung kommen.

Henry Ford, der große amerikanische Automobilfabrikant, wurde einmal beim Essen gefragt: »Henry, wer ist dein bester Freund?« Ford nahm einen Stift aus der Tasche und schrieb auf das Tischtuch: »Dein bester Freund ist der, der deine besten Eigenschaften zur Entfaltung bringt.«

Jesse Owens war mit vier Goldmedaillen der erfolgreichste Athlet der Olympischen Spiele in Berlin 1936. Er hatte ein Jahr vor der Olympiade einen Weltrekord im Weitsprung aufgestellt. Aber bei den Spielen in Berlin drohte er schon in der Qualifikation zu scheitern. Seine ersten beiden Sprünge waren nicht gut. Sein härtester Konkurrent, der Deutsche Luz Long, hatte ihn beobachtet und gab ihm für seinen letzten Versuch den entscheidenden Tipp: »Versuche, etwas vor der Linie abzuspringen.« Owen machte das und gewann die Goldmedaille. Long gratulierte ihm sofort. Owens gab später zu Protokoll: »Es kostete ihn viel Mut, sich vor den Augen Hitlers mit mir anzufreunden. Man könnte alle Medaillen und Pokale, die ich habe, einschmelzen und sie würden nicht für eine Schicht über die 24-Karat-Freundschaft, die ich in diesem Moment für Luz Long empfand, reichen. Hitler muss wahnsinnig geworden sein, als er uns

uns umarmen sah. Das Traurige an der Geschichte ist, dass ich Long nie mehr gesehen habe. Er wurde im Zweiten Weltkrieg getötet.« Das Dokument einer bemerkenswerten Freundschaft.

Beobachtung Nr. 2: Ein guter Freund ist einer, der in schweren Zeiten zu mir hält

Der französische Schriftsteller Pierre Véron hat einmal gesagt: »Freundschaft ist ein Regenschirm, der den Fehler hat, dass er bei schlechtem Wetter zurückgegeben werden muss.« Und das ist wirklich ärgerlich. Denn gerade wenn es blitzt und donnert, wenn sich das Unwetter über mir zusammenbraut, alles Unangenehme auf mich einprasselt, wäre ein schützender Regenschirm nicht schlecht. Was nützt einem ein Regenschirm, den ich nicht aufspannen kann, wenn es regnet?

David und Jonatan pflegen keine Schönwetter-Freundschaft. Als sich der Zorn der Mächtigen über David ergießen will, ist Jonatan da. Er vereitelt die bösen Pläne seines Vaters. Er gerät dabei selbst in die Schusslinie. Aber das ist ihm die Freundschaft mit David wert. David hat sich später an Jonatan ein Beispiel genommen. Mefi-Boschet, ein Enkel Sauls, ist durch einen Unfall an beiden Füßen gelähmt. David scheut sich nicht, ihn zu einem ständigen Gast an seiner königlichen Tafel zu machen. Er ist als behinderter Mensch integriert in die Gemeinschaft der Gesunden (2. Samuel 9).

Wahre Freundschaft ist bereit, Unannehmlichkeiten auf sich zu nehmen. Sie bewährt sich gerade in den Zeiten, wenn das Einstehen für den anderen etwas kostet. *»Niemand hat größere Liebe als die, dass er sein Leben lässt für seine Freunde«*, sagt Jesus (Johannes 15,13).

Fragen wir uns doch einmal: »Wer macht sich die Mühe, mich zu besuchen, wenn ich krank bin? Wer ruft an? Wer fragt nach mir? Wer nimmt sich die Zeit, mit mir persönliche Dinge zu bereden, meine Ängste, Zweifel, Sorgen zu teilen?« Können wir uns auf die Zuverlässigkeit der anderen verlassen? Können wir offen reden oder müssen wir Angst haben, dass andere sich zurückziehen, wenn sie erfahren, was wirklich mit uns los ist? Es tut gut, Freunde um sich zu wissen, die in schlechten Zeiten zu uns halten. David hatte in Jonatan so einen Freund.

Beobachtung Nr. 3: Ein guter Freund ist einer, der sich Gott zum Freund macht

Warum ist Gott für unsere Beziehungen so wichtig? Antoine de Saint-Exupéry hat das moderne Märchen vom »Kleinen Prinzen« geschrieben. Darin gibt es eine bewegende Szene. Der kleine Prinz ist in einer traurigen Stimmungslage und bittet einen Fuchs, mit ihm zu spielen. Der Fuchs sagt: »Ich kann nicht mit dir spielen (…). Ich bin noch nicht gezähmt! (…) Man kennt nur die Dinge, die man zähmt (…). Die Menschen haben keine Zeit mehr, irgendetwas kennenzulernen. Sie kaufen sich alles fertig in den Geschäften. Aber da es keine Kaufläden für Freunde gibt, haben die Leute keine Freunde mehr. Wenn du einen Freund willst, so zähme mich!«

Wir sind es gewohnt, Tiere zu zähmen, aber Menschen? Ich denke, es gibt so etwas wie das Tier in den Kellerräumen der menschlichen Seele. Dieses Tier ist schwer zu kontrollieren. Dieses Tier kann zu einer Bedrohung für jede Beziehung werden. Es trägt Namen wie Neid, Verrat, Gier, Feigheit, Bequemlichkeit.

Jonatan trifft eine weise Entscheidung. Er legt sich gewissermaßen einen erfahrenen »Dompteur« für das, was in ihm gezähmt werden muss, zu. Er sagt zu David: *»Der Herr sei Zeuge zwischen mir und dir.«* (1. Samuel 20,42) Das ist die Basis, auf der ihre Freundschaft stehen soll. Denn er weiß: Menschliche Bindungen sind bereichernd, aber auch sehr zerbrechlich. Wenn Gott die Beziehung mitträgt, hat die Freundschaft mehr Stabilität. Gerade wenn es um die großen existenziellen Fragen geht, Fragen wie Trennung, Schuld und Tod, dann ist es wichtig, jemanden an der Seite zu haben, der sich nicht verdrückt, wenn es unangenehm wird. Gott kann das »Wilde« in uns Menschen zähmen. Er kann uns zeigen, wie wir wirklich sind. Das bewahrt uns davor, uns über den zu stellen, der anders tickt als wir. Er kann uns helfen, nicht nur die eigene Bedürftigkeit zu sehen, sondern auch das, was den anderen bewegt. Wer von Gottes Liebe erfasst wird, kann den anderen freigeben, ihm sein Anderssein lassen.

Gott kann uns auch helfen, zu unserer Bruchstückhaftigkeit zu stehen. Wir müssen nicht mehr sein, als wir sind. Wir dürfen mit anderen über unsere Grenzen reden und auch darüber, wo wir aneinander schuldig geworden sind. Und wir dürfen erleben, wie sich durch Vergebung, durch das Eingeständnis eigenen Versagens Beziehungen vertiefen. Wenn Gott zwischen zwei Menschen steht, dann kommt eine andere Beziehungsqualität in unser Leben, dann wird unser Umgang miteinander verändert. Es kommt mehr Tiefe in die Beziehung. Wahre Freundschaft ist wie ein Baum. Es zählt nicht, wie hoch er ist, sondern wie tief die Wurzeln sind.

Jonatan ergreift die Initiative. Er wird zu einem wichtigen Sprachhelfer in dem Beziehungskonflikt zwischen seinem Vater Saul und David. Ein guter Freund baut Brücken, wo uns Zugänge versperrt sind. Ein guter Freund ermutigt und zeigt Perspektiven auf. Er öffnet uns den Himmel, wo wir nur noch Hölle sehen. Jonatan stärkt Davids Vertrauen in Gottes Führung. Oft ist der Himmel für uns wie verschlossen. Wir fühlen uns von Gott allein gelassen. Wir können nicht glauben, dass alle unsere Anliegen bei Gott gut aufgehoben sind. In solchen Momenten ist es gut, einen Freund wie Jonatan zu haben, der für uns glaubt: »Gott ist mein bester Freund, der mich versteht, wenn ich mich nicht mehr verstehen kann; der mich trägt, wenn mir meine Antworten ausgehen, wenn nur noch Flucht übrig bleibt; der weiß, wie es mir wirklich geht, was ich jetzt brauche.«

Von Jonatan können wir lernen: Wir brauchen Freunde in den Krisen des Lebens, Menschen, die auf uns zugehen, wenn wir blockiert sind, die uns ermutigen, nicht aufzugeben. Ermutigung ist ein Stück gelebte Menschenfreundlichkeit. Das allein tut schon gut. Und wo das alles unter einem offenen Himmel geschieht, wo Gott mit einbezogen wird, ist es noch besser für uns.

20. »Ich habe es nicht anders verdient«

Zerknirscht gesteht Herr F.: »Ich habe mein Leben komplett vor die Wand gefahren. Ich hätte es besser wissen können, aber alle, die es gut mit mir meinten, habe ich vor den Kopf geschlagen. Ich kann mich nicht beschweren. Ich habe es nicht anders verdient.«

Es gibt Bibelworte, um die würde man am liebsten einen großen Bogen machen. Sie beschreiben Wirklichkeiten, die unangenehm sind, an die wir nicht gern erinnert werden. Ich denke an Galater 6,7: *»Irret euch nicht! Gott lässt sich nicht spotten. Denn was der Mensch sät, das wird er ernten.«* Ein Satz, der eine immer wiederkehrende Gesetzmäßigkeit beschreibt.

Die Schiffsbesatzung der »Bounty« kann ein Lied davon singen. Die Bounty war ein britisches Schiff. Sie hatte den Auftrag, Ableger des Brotfruchtbaums in der Südsee an Bord zu nehmen und nach Mittelamerika zu bringen. Man glaubte, durch die Anpflanzung des Brotfruchtbaumes die Grundversorgung der Sklaven erheblich verbessern zu können. Man könnte sagen: Captain Bligh und seine Mannschaft segelten für ein bisschen mehr Menschlichkeit.

Aber wie das so ist im Leben: Die hohen, ehrenwerten Ziele sind eine Seite, die gelebte Wirklichkeit ist eine andere. An Bord war bald von Menschlichkeit und Gerechtigkeit nicht mehr viel zu spüren. Zwei Dinge kamen zusammen: widrige äußere Umstände und die wenig einfühlsame Menschenführung von Captain Bligh. Der Highway zur Südsee, die Route um Kap Hoorn, die Südspitze Amerikas, erwies sich für die Bounty als eine Nummer zu groß. Sie musste umkehren und den Weg über das Kap der Guten Hoffnung wählen. Das war ein Riesenumweg, dem ehrgeizigen Kapitän passte das nicht. Die Crew-Mitglieder mussten immer wieder seine Launen ausbaden. Bligh gelang es zwar noch, Brotfrüchte auf Tahiti zu ernten, aber die Ernte erreichte nicht mehr ihren Bestimmungsort. Dafür ging eine andere Saat auf: Am 28. April 1789 kam es nach nicht enden wollenden Schikanen Blighs zur berühmten »Meuterei auf der Bounty«. Der Zweite Offizier Fletcher Christian übernahm das Kommando. Bligh wurde mit 18 seiner Getreuen ausgesetzt.

Was wie ein verdienter Triumph geschundener Seefahrer aussah, entpuppte sich als Beginn eines Desasters. Captain Bligh vollbrachte eine seefahrerische Glanzleistung. Er lotste das offene Beiboot 3700 Seemeilen bis zur nächsten europäischen Siedlung auf Timor. Wenig später nahm die Besatzung eines englischen Kriegsschiffes 16 verblüffte Meuterer, die auf Tahiti geblieben waren, fest. Die restlichen neun Meuterer, unter ihnen ihr Anführer Fletcher Christian, hatten sich zusammen mit sechs einheimischen Männern und zwölf einheimischen Frauen rechtzeitig auf eine abgelegene, unbewohnte Insel abgesetzt. Pitcairn Island, so hieß die Insel, erwies sich als ideales Versteck: Die Insel war fruchtbar und konnte ihre Bewohner ernähren. Sie war umgeben von hohen Klippen und einer gefährlichen Brandung, für Schiffe gab es also keinen geeigneten Ankerplatz. Und sie war auf den damals gebräuchlichen Seekarten falsch eingezeichnet, sodass die Gefahr, entdeckt zu werden, gering war. Um ganz auf Nummer sicher zu gehen, verbrannten die Meuterer die Bounty, die letzte Zeugin ihrer unbewältigten Vergangenheit.

Sie hatten an alles gedacht, nur an eines nicht: Sie hatten unterschätzt, dass sie sich selbst mit auf die Insel genommen hatten. Das erhoffte Paradies wurde für die Meuterer zum Land des Schreckens. Die ehemals Unterdrückten wurden nun selbst zu Unterdrückern: Die Weißen teilten das Land unter sich auf, die einheimischen Männer mussten nicht nur für sie arbeiten, sondern auch die Frauen an sie abtreten. Die Südsee-Männer wollten sich damit verständlicherweise nicht abfinden. Sie überfielen das Waffenlager der Briten. Beim anschließenden Gemetzel kamen fünf der neun Weißen und alle farbigen Männer ums Leben.

Aber es kam noch schlimmer. Einem der übrig gebliebenen Meuterer war es gelungen, Schnaps herzustellen. Es dauerte nicht lange und alle vier Männer waren dem Alkohol verfallen. Nachdem der Erste von ihnen am Alkohol zugrunde gegangen war, schwor sich

John Adams, einer der Übriggebliebenen, dem Teufelszeug den Garaus zu bereiten. Er zerstörte die Schnapsbrennerei. Dabei kam es zum Gerangel mit einem anderen Meuterer. Adams tötete den Mann. Jetzt waren es nur noch zwei: außer John Adams noch der schwer kranke Edward Young. Dazu noch zehn Frauen und 22 Kinder. Fast alle Männer, die mit der Bounty nach Pitcairn Island gekommen waren, hatten nach kurzer Zeit im Paradies, das keines war, bereits das Zeitliche gesegnet. Das ist die Schreckensbilanz des vermeintlichen Südseeparadieses. Sie hatten geerntet, was sie gesät hatten.

Aber die Geschichte ist noch nicht zu Ende erzählt. Manchmal ernten wir auch etwas, was wir nicht gesät haben. Die beiden überlebenden Männer gingen in sich und sagten sich: »So kann es nicht weitergehen. Wir haben fast alles zerstört, was wir hatten. Lasst uns umkehren. Lasst uns etwas Sinnvolles tun.« So kam es, dass Edward Young John Adams Lesen und Schreiben beibrachte. Als Vorlage diente ihnen die Bibel und das Gebetbuch der Bounty. Als Young wenig später starb, konnte John Adams nicht nur lesen und schreiben, er war durch das Lesen in der Bibel im Herzen angerührt worden. Er begann, mit Gottes Hilfe ein anderes Leben zu leben. Er versuchte, Frauen und Kindern die Hilfe zu sein, die sie brauchten. Er richtete täglich eine Gebetsstunde ein und fing an, die Überlebenden im Wort Gottes zu unterweisen. In seinem Vermächtnis, das bis heute erhalten ist, lesen wir: »Ich richtete das Wort Gottes vor ihnen auf wie ein Haus, langsam, Stein auf Stein. Es war ein mühsames Werk, aber es machte mich glücklich wie nichts zuvor in meinem Leben. Ich lehrte sie lesen und schreiben und ein Leben nach der Heiligen Schrift. Ja, das tat ich, John Adams, ein unwissender Matrose. Denn es steht geschrieben: ›So liegt es nun nicht an jemandes Wollen oder Laufen, sondern an Gottes Erbarmen.‹ Wie tief ein Mensch fallen kann, das habe ich an mir selbst erlebt. Doch keiner fällt so tief, dass er für Gottes Gnade unerreichbar wäre. Auch das habe ich erfahren.«

Heute leben etwa 50 Nachkommen der Meuterer auf Pitcairn Island, der kleinen Insel irgendwo zwischen Neuseeland und Chile. Bis vor Kurzem war die einzige Verbindung zur Außenwelt eine kleine

Funkstation und ein Schiff, das alle paar Wochen von Neuseeland kommt. Viele haben die Insel inzwischen wegen mangelnder Perspektiven verlassen. Aber noch immer ist der gute Geist, den die beiden letzten Meuterer hinterlassen haben, gegenwärtig. Der Hauptort heißt Adamstown, der Bürgermeister Young.

Was hat die Geschichte der Meuterer uns zu sagen? Wir alle heuern irgendwann und irgendwo bei irgendwem an und wollen uns dahin bringen lassen, wo das Leben ist. Am Anfang haben wir viele Ideale. Wir wollen mehr vom Leben. Wir wollen es schöner, besser, bequemer, mit einem Wort: »paradiesischer« haben als andere. Dabei denken wir nicht nur an uns: Was wir tun und lassen, geschieht häufig unter der Flagge der Menschlichkeit. Auch die Bounty war unterwegs für »Brot für die Welt«, aber das Brot ist nie da angekommen, wo es ankommen sollte. Und bei uns? Wie viel von dem, was wir uns vornehmen, bleibt auf der Strecke! Auch bei uns sind es oft die widrigen Umstände, die uns vom richtigen Kurs abbringen. Die vielen kleinen und großen Stürme, die uns die Ideale wegblasen. Die beschwerlichen Umwege, die nicht eingeplant gewesen sind. Die vielen Captain Blighs, die uns den Atem zum Leben nehmen, die uns ständig sagen, was wir zu tun und zu lassen haben. Wer von uns spielt nicht hin und wieder mit dem Gedanken, sich von unliebsamen Zeitgenossen zu trennen, sie in ein kleines Beiboot zu verfrachten und selber einfach davonzusegeln?

Die Meuterei auf der Bounty macht nachdenklich: Nach der Meuterei kam nicht das Paradies, sondern die Hölle. Menschen ernteten, was sie gesät hatten. Und gleichzeitig ging noch eine andere Saat auf. Der Meuterer John Adams erkannte: »Ich kann mein Leben verändern. Ich kann aus einem verpfuschten Leben immer noch etwas Sinnvolles machen. Ich kann ein Segensträger für meine Nachkommen werden.« Das ist die Chance für jeden, der meint, sein Leben vor die Wand gefahren zu haben. Umkehr ist immer möglich! Gott will, dass wir leben. »*Ich habe kein Gefallen am Tode des Gottlosen, sondern dass der Gottlose umkehre von seinem Wege und lebe.*« (Hesekiel 33,11)

21. »Wir reden kaum noch miteinander«

»Wir haben uns auseinandergelebt«, gesteht Frau M., »wir leben wie in einer Single-WG. Jeder geht seinen eigenen Interessen nach. Es gibt kaum noch Berührungspunkte. Wenn die Kinder kommen, reißen wir uns zusammen, aber kaum sind sie aus dem Haus, fallen wir in unser altes Muster zurück. Wir reden kaum mehr miteinander.«

Friedrich II., deutscher Kaiser und Enkel des legendären Barbarossa, startete vor 800 Jahren ein ungewöhnliches Experiment: Er ließ neugeborene Babys rund um die Uhr beobachten. Den Kindern fehlte es an nichts – mit einer Ausnahme: Niemand durfte mit ihnen reden oder sie liebkosen. Der Kaiser hoffte, auf diese Weise Erkenntnisse über die Ursprache der Menschheit zu gewinnen. Das Experiment ging schief: Alle Babys starben nach kurzer Zeit.

Friedrich II. wusste noch nicht, was wir wissen: Der Mensch braucht das Gespräch. Ohne Gespräch kann der Mensch nicht leben, ohne Austausch und Verständigung stirbt etwas in ihm. Wir wissen das und keiner von uns käme auf die Idee, dieses Experiment zu wiederholen.

Aber eigenartigerweise sind auch heute noch Menschen bereit, das Gespräch einzustellen. Da sagt die Frau zu ihrem Mann: »Hörst du mir eigentlich noch zu?« Und der Mann sagt zu seinem besten Freund: »Sie versteht mich einfach nicht!« Der Kabarettist Mathias Richling hat einmal gesagt: »Mein Hauptthema ist die Unfähigkeit des Menschen, sich verständlich zu machen.« Ich glaube, er hat gut beobachtet. Die Unfähigkeit, von der er spricht, ist ein unübersehbarer Störfaktor in unserer Beziehungswelt.

Verständigung sieht auf den ersten Blick gar nicht so kompliziert aus. Da ist eine Person, die sich mitteilen will. Sie gibt ihre Mitteilung in Form einer Nachricht an eine andere Person weiter. Die andere Person nimmt die Information zur Kenntnis. Das hört sich unkompliziert an, ist es aber nicht.

Nehmen wir an, Klaus und Karin wollen in den Urlaub fahren. Beide sitzen abfahrbereit im Auto. Auf einmal fällt Karin ein, dass sie vergessen hat, der Nachbarin die geliehene Salatschüssel zurückzugeben. Soll sie ihr Versäumnis Klaus mitteilen? Es reicht nicht aus, irgendetwas zu denken oder zu empfinden, wir müssen uns entscheiden, ob wir das, was wir sehen, denken oder empfinden, ansprechen wollen. Karin ist die Situation peinlich. Sie hat der Nachbarin versprochen, die Schüssel noch vor dem Urlaub zurückzubringen, andererseits möchte sie die Nerven ihres Mannes nicht unnötig strapazieren. Sie entscheidet sich zu handeln – ohne viel zu reden. Sie steigt aus dem Auto aus und rennt ins Haus zurück. Klaus ruft ihr irritiert hinterher: »Was ist denn nun los?« Karin ruft zurück: »Die Schüssel!« Klaus ruft zurück: »Was ist denn mit der Satellitenschüssel?«

Nicht immer gelingt es, was wir meinen, so zu sagen, dass andere verstehen, was wir sagen wollten. In der Regel führt das dazu, dass Menschen das Gehörte anders deuten, als es gemeint war. Dabei ist nicht nur wichtig, was ich sage. Wichtig ist, was ich nicht sage, und wichtig ist, wie ich es sage. Die ganze Haltung ist wichtig. Tonfall und Mimik, Gesten und Körperhaltung »reden« immer mit, wenn Mitteilende sprechen.

Jakobus gibt in seinem Brief Gesprächshilfen, die Gespräche länger am Leben erhalten. Er empfiehlt: »*Seid sofort bereit, jemandem zuzuhören; aber überlegt genau, bevor ihr selbst redet. Und hütet euch vor unbeherrschtem Zorn.*« (Jakobus 1,19)

Beobachtung Nr. 1: Wer verstehen will, muss zuhören können

Zwei Menschen, so beginnt eine Geschichte, sind unterwegs in der Einkaufsmeile einer großen Stadt. Plötzlich sagt der eine: »Hör mal! Hörst du auch, was ich höre?« – »Alles, was ich höre«, entgegnet der andere, »sind Straßenlärm und Stimmengewirr.« – »Hör doch mal genau hin. Hörst du nicht die Grille zirpen?« – »Hier in der Großstadt gibt es gar keine Grillen. Selbst wenn es sie gäbe, könnte man sie vor lauter Lärm gar nicht hören.« Sie gehen einige Schritte weiter. Schließlich bleibt der eine vor einem Strauch stehen, schiebt die Blätter auseinander – und tatsächlich: Da sitzt eine Grille und zirpt. Jetzt, wo der andere das nicht für möglich Gehaltene sieht, hört er auf einmal auch das Zirpen und sagt: »Ich wusste es schon immer, du hast ein Supergehör.« – »Meinst du? Ich glaub das nicht. Pass auf!« Er nimmt eine Münze und lässt sie, während sie weitergehen, fallen. Die Köpfe der Menschen bewegen sich. Ein Passant bückt sich, hebt die Münze auf und steckt sie ein. »Siehst du«, sagt der Mann zu seinem Begleiter, »das Klimpern der Münze war nicht lauter als das Zirpen der Grille. Soll ich dir sagen, warum wir das eine hören und das andere nicht? Wir hören stets das gut, worauf wir zu achten gewohnt sind.«

Die Geschichte führt uns vor Augen: Wir hören am liebsten uns selbst. An einem Ohr hängt ein Mensch, ein Mensch mit Geschichte, ein Mensch mit Vorlieben und Erfahrungen. Über viele Jahre ist etwas gewachsen und mit dem, was gewachsen ist, liegt der Mensch sich sozusagen selbst im Ohr. Ich denke an Gesprächskreise, die ich erlebt habe. Man tauscht sich aus, man springt von Beitrag zu Beitrag und jeder Beitrag ist fast schon so etwas wie eine kleine Predigt. Aber ist das, was stattfindet, auch Gespräch? Meine Erfahrung ist: Nur der redet gern, der das Gefühl hat, dass man ihm zuhört.

Die Bibel liefert uns eine tiefgründige Erklärung für diese Unge»hör«igkeit. Die Fähigkeit, zuhören zu können, ist nicht einfach so da. Als Jesus einmal gefragt wird, warum er so oft in Gleichnissen rede, sagt er sinngemäß: Die Menschen haben Ohren, aber sie hören nicht, weil tief in ihrem Innern Blockaden sind, die sie am Hören hindern. Jesus nennt diese Blockaden »verstockte Herzen« (Matthäus 13,10 ff.). Von Natur aus ist unser Ohr verschlossen für die Welt Gottes und für die komplexen Beziehungswelten anderer Menschen. Gott muss uns erst das Ohr öffnen. Von Gott geöffnete Ohren hören anders. »*Gott der Herr (...) weckt mich alle Morgen; er weckt mir das Ohr, dass ich höre, wie Jünger hören. Gott der Herr hat mir das Ohr geöffnet.*« (Jesaja 50,4.5)

Gott möchte uns aussöhnen mit uns selbst. Wer Gott »gehört«, weiß, wo er »hingehört«; weiß, dass er das »Ungehörige« ablegen kann; weiß, dass er zur Ruhe kommen kann mit all den Vielstimmigkeiten, die in ihm selbst sind. Zuhören können ist ein Geschenk Gottes. Die neutestamentlichen Wörter für »zuhören« (»akouein«) und »gehorchen« (»hyp-akouein«) haben dieselbe Sprachwurzel, wie es ja letztlich auch im Deutschen der Fall ist. Der Mensch, der Gott gehorcht, ist der Mensch, der »darunter-hört«, der unter Gott stehen will, der akzeptiert, dass einer über ihm ist, der mehr vom Leben versteht als er selbst. Wer sein Ohr auf Gott gerichtet hat, der muss sich nicht immer selbst hören. Wer Gott gehört, darf noch etwas anderes hören als sich selbst. Wer Gott gehört, wird hörfähiger für andere. Wer Gott gehört, fängt an, auf das zu hören, was er bisher überhört hat, die Sorgen und Nöte anderer, das, was Menschen bewegt, was bisher so nicht zu ihm gehört hat. Hörfähig für andere werden heißt: »Ich nehme mir Zeit. Ich schenke meinen Gesprächspartnern meine volle Aufmerksamkeit. Ich lasse sie ausreden. Ich nehme sie ernst mit ihrer Geschichte und ihren Bedürfnissen. Es ist mir wichtig, was sie beschäftigt, auch wenn das nicht das ist, was mich gerade beschäftigt.«

Der Kirchenlehrer Bernhard von Clairvaux empfahl einem seiner Schüler: »Wenn du weise bist, wirst du dich daher als Schale, nicht als Rohr erweisen. Das Rohr nimmt fast zur gleichen Zeit auf und ergießt wieder, was es aufgenommen hat; die Schale aber wartet, bis sie voll ist, und gibt so, was überfließt, ohne eigenen Verlust weiter (...). Wirklich, ›Rohre‹ haben wir heute in der Kirche in großer Zahl, aber nur sehr wenige ›Schalen‹. So groß ist die Liebe derer, durch die der himmlische Strom zu uns fließt, dass sie bereitwilliger sind zu reden als zu hören, dass sie schnell zur Hand sind zu lehren, was sie nicht gelernt haben, und danach verlangen, eine führende Stellung zu bekleiden, auch wenn sie nicht verstehen, sich selbst zu lenken.«

Hörfähigkeit ist Beziehungsgeschehen. Das »unter Gott stehen« und »Gott (ge)hören« muss gepflegt, die Hörfähigkeit eingeübt und die Bedürfnisse anderer immer wieder neu entdeckt werden.

Beobachtung Nr. 2: Wer verstehen will, muss sich vor dem Reden Gedanken machen

Jakobus sagt: *»Überlegt genau, bevor ihr selbst redet.«* Geschwindigkeitsüberschreitungen gibt es nicht nur im Straßenverkehr. Wir reden oft zu schnell und zu unüberlegt. Im griechischen Neuen Testament steht hier ein Ausdruck, von dem unser Wort »Tacho« abgeleitet ist.

Zu dem schwäbischen Seelsorger Johann Friedrich Flattich kam einmal eine Frau, die sich über ihren Mann beklagte. »Herr Pfarrer, Sie können sich überhaupt nicht vorstellen, wie Gott mich mit meinem Mann gestraft hat. Der hilft nicht im Haushalt, kriegt den Mund nicht auf, versteckt sich hinter seiner Arbeit.« – »Wissen Sie«, unterbrach sie Flattich, »ich habe da so einen flachen Wunderstein, der hat schon manche Männer verändert. Wenn sie den zwölf Stunden unter Ihre Zunge legen, verspreche ich Ihnen, geschieht ein Wunder.« Am anderen Tag suchte die Frau ihn freudestrahlend auf: »Herr Pastor, das Wunder ist geschehen! Der Stein lag den ganzen Tag unter meiner Zunge. Mein Mann ist wie ausgewechselt.« Reden ist Silber, Schweigen ist Gold. Zu viele Worte können eine Beziehung ersticken.

Ich muss an eine Frau denken, die Angst hatte, dass ihr keiner mehr zuhören würde. Nach dem Gottesdienst fing sie regelmäßig Besucher ab und verwickelte sie in endlose Gespräche. Zum Schluss wollte keiner mehr mit ihr reden. Das Selbstwertgefühl eines Menschen spiegelt sich immer auch in seinen Worten. Menschen sagen nichts oder nur wenig, weil sie sich unbedeutend vorkommen. Aus den gleichen Gründen können sie aber auch viel sagen. Sie reden ihren Wert gewissermaßen hoch. Wer Gott gehört, der muss seinen Wert nicht steigern, indem er viele Worte macht oder bedeutend daherkommt. Wer Gott gehört, muss sich aber auch nicht permanent abwerten mit dem, was er sagt. Wer Gott gehört, kann sagen: »So wie ich bin, bin ich gut genug. Gott nimmt mich, wie ich bin. Und wenn ich für Gott gut genug bin, dann darf ich auch mir selbst gegenüber gut sein.«

Von Theresa von Avila gibt es dazu nachdenkenswerte Worte: »Herr, du weißt besser als ich, dass ich von Tag zu Tag älter und eines

Tages alt sein werde. Bewahre mich vor dem Drang, bei jeder Gelegenheit und zu jedem Thema etwas sagen zu müssen. Erlöse mich von der großen Leidenschaft, die Angelegenheiten anderer ordnen zu wollen. Lehre mich, nachdenklich, aber nicht grüblerisch, hilfreich, aber nicht rechthaberisch zu sein. Lehre mich die wunderbare Weisheit, dass ich mich irren kann. Erhalte mich so liebenswert wie möglich.«

Beobachtung Nr. 3: Wer verstehen will, muss seine Gefühle kennen

Sich ärgern ist menschlich. Gefühle sind da, ob wir sie wollen oder nicht, auch negative. Jakobus weiß das, aber er warnt vor »unbeherrschtem Zorn«. Negative Gefühle sind kein unvermeidliches Schicksal. Negative Gefühle sind hausgemacht. Negative Gefühle werden von Gedanken hervorgerufen, die wir vorher denken.

Nehmen wir an, Klaus will noch schnell die Haustür abschließen, bevor er mit seiner Frau in den Urlaub fährt. Aber der Haustürschlüssel ist nicht aufzutreiben. Die Gedanken, die er in so einer Situation denken kann, bestimmen letztlich seine Gefühle. Klaus kann denken: »Typisch Frau, sie wird den Schlüssel wieder einmal verlegt haben. Der Urlaub ist im Eimer, ehe er richtig begonnen hat. Das ist zum Ausrasten.« Klaus kann aber auch denken: »Schlüssel weg, na und? Nehmen wir eben den Ersatzschlüssel. Der andere Schlüssel wird schon wieder auftauchen.« Was mich ärgert, ist nie nur das Problem anderer, es ist immer auch mein Problem.

Ein Gespräch kann nur gelingen, wenn wir lernen »darunterzuhören«: unter Gott hören und sein Wort ernst nehmen. Wer das tut, bleibt hörfähig für andere. Ein Gespräch kann nur gelingen, wenn wir leeres und unbedachtes Reden vermeiden. Wer mit Gott lebt, muss sich nicht durch viele Worte wichtigmachen. Ein Gespräch kann nur gelingen, wenn wir unter Gott lernen, unsere Gedanken so zu kontrollieren, dass wir nicht ständig negative Gefühle produzieren, die andere unglücklich machen.

22. »Ich finde keinen Trost«

Frau H. sitzt vor mir und beginnt zu weinen. »Ich habe meine Mutter verloren, da war ich acht. Als ich 16 war, verlor ich meinen Bruder durch einen Verkehrsunfall. Mit 35 hat mich mein Mann verlassen. Jetzt bin ich 40. In mir ist so viel Trauer, ich sehne mich nach Trost. Aber ich finde keinen Trost. Und wissen Sie, Herr Grund, was für mich noch schlimmer ist? Die vielen ungebetenen Tröster, die mich mit ihren Weisheiten zuschütten.«

Es war einmal ein Igel – so beginnt eine Geschichte. Wehmütig verfolgte er in der Abenddämmerung, was sich in Nachbars Garten tat. Zwei Hundewelpen spielten ausgelassen. Sie stupsten ihre Nasen aneinander. Sie leckten und sie schleckten sich. Der Igel sah das und dachte traurig: »Mich hat noch keiner geschleckt. Ist ja auch kein Wunder bei so vielen Stacheln.« Er war noch ganz mit seinem bemitleidenswerten Schicksal beschäftigt, als einer der beiden Hunde ihn entdeckte. »He Kleiner, komm, spiel mit mir.« – »Geht nicht«, sagte der Igel, »ich habe Stacheln. Mit mir will keiner spielen. Um mich machen alle einen großen Bogen.« – »Ach was, sei kein Frosch, leg dich einfach auf den Rücken, dann schleck ich dich mal richtig durch.« – »Wirklich? Das würdest du tun?«, erwiderte der Igel ungläubig. »Klar tue ich das.« Der Igel legte sich auf den Rücken, der neue Spielgefährte rieb seine Nase am weichen Igelbauch. Der Igel wollte gerade rufen: »Das tut gut!«, da öffnete der Hund sein Maul und biss einfach zu – mitten hinein in den weichen Igelbauch. Schmerzverzerrt krümmte sich der Igel im Garten. Und seitdem, so erzählt die Geschichte, rollen sich alle Igel ein, wenn ihnen Hunde und andere große Lebewesen über den Weg laufen.

Eine trostlose Geschichte, nicht wahr? Aber ist es nicht auch unsere Geschichte? Sehnen wir uns nicht auch nach Streicheleinheiten? Und was macht das Leben mit dieser Sehnsucht? Geraten wir nicht immer wieder an »gerissene Hunde«, an Menschen, die es nicht ehrlich mit uns meinen? Und was ist die Folge? Wir igeln uns ein, wir ziehen uns zurück. Wir haben genug von den Spielwiesen des Lebens und bejammern unser trostloses Leben.

Sind Sie ein Igel-Mensch? Igel-Menschen haben es nicht leicht. Nach außen wirken sie unnahbar. »Komm mir ja nicht zu nahe, sonst gibt es Ärger!« Aber gleichzeitig ist da eine Riesensehnsucht: »Siehst du nicht, wie mir es geht?« Und wenn jemand diese Seite sieht, ist da sofort die Sorge: »Was passiert, wenn ich jemanden an meine weiche, bedürftige Seite heranlasse? Geht das gut?« Was macht den Trost, nach dem wir uns sehnen, eigentlich so trostlos?

Wenn wir mehr erfahren wollen über einen Trost, der nicht tröstet, dann brauchen wir uns nur die Hiob-Geschichte anzuschauen. Hiob hat alles verloren: seine Kinder, Besitz und Vermögen, Gesundheit, zeitweise sogar seinen Glauben. Aber er hat noch Freunde, Freunde, die ihn zu trösten versuchen. Die Bibel berichtet: »*Als sie von dem Unglück hörten, das über ihn hereingebrochen war, vereinbarten sie, Hiob zu besuchen. Sie wollten ihm ihr Mitgefühl zeigen und ihn trösten. Schon von Weitem sahen sie ihn, aber sie erkannten ihn kaum wieder. Da brachen sie in Tränen aus, zerrissen ihre Kleider, schleuderten Staub in die Luft und streuten ihn sich auf den Kopf. Dann setzten sie sich zu Hiob auf den Boden. Sieben Tage und sieben Nächte saßen sie da, ohne ein Wort zu sagen, denn sie spürten, wie tief Hiobs Schmerz war.*« (Hiob 2,11–13)

Ist es nicht großartig, solche Freunde zu haben? Die Freunde Hiobs gehen dahin, wo man auf Trost wartet, sie zeigen Mitgefühl, sie geben Distanz auf, sie fühlen sich ein in die Untröstlichkeiten dieses trostlosen Menschen, begleiten ihn schweigend in seinem Schmerz. Sie sind Meister der Empathie. Aber leider ist ihre Haltung nur eine Momentaufnahme. Als sie Hiob mit Worten beistehen wollen, beginnen die Probleme. Denn unter ihren Worten verkommt ihr gut gemeinter Trost zum billigen Trost, der nicht mehr tröstet. Hiob selbst sagt: »*Wenn ihr doch nur schweigen würdet, dann könnte man euch noch für weise halten!*« (Hiob 13,5).

Was macht den wertvollen Trost so trostlos?

Beobachtung Nr. 1: Trostloser Trost geht einher mit Belehrungen

Elifas, einer der Freunde, erinnert an Hiobs gesegneten Dienst: *»Du selbst hast zahllose Menschen gelehrt, auf Gott zu vertrauen. (…) War jemand mutlos und ohne Halt, du hast ihn wieder aufgerichtet und ihm neuen Lebensmut gegeben. Jetzt aber, wo du selbst an der Reihe bist, verlierst du die Fassung.«* (Hiob 4,3–5) Die Botschaft ist: »Hiob, gehe in dich, lass dich nicht so hängen. Von einem wie dir muss man andere Strategien der Leidbewältigung erwarten dürfen. Und überhaupt, stell dich nicht so an: ›*Glücklich ist der Mensch, den Gott zurechtweist! Der Allmächtige will dich erziehen! Sträube dich nicht!*‹« (Hiob 5,17)

Sagt hier nicht einer die Wahrheit, nichts als die Wahrheit? Er sagt sie, aber genau das ist oft das Problem. Nichts verletzt einen Menschen mehr, als wenn er sich in seinen Gefühlen zensiert sieht. Hiobs Problem ist nicht der Erkenntnismangel. Er wäre gern das, was er nach den Worten seiner Freunde sein sollte. Aber er kann es nicht. Er liegt am Boden.

Belehrungen verstärken den inneren Konflikt zwischen gewünschtem Ideal und erlebter Wirklichkeit. Belehrungen helfen nicht. »Sei froh, dass du diesen Dreckskerl los bist, er hat dich doch nur benutzt!« Als wüsste man das nicht selbst. Oder: »Hey, es wird schon wieder, du bist stark, viel stärker, als du jetzt denkst!« Hiob selbst sagt: *»Das alles weiß ich doch schon längst!«* (Hiob 9,2) Er braucht keine Nachhilfe in Sachen Führung Gottes. Und überhaupt: *»Wie lange wollt ihr mich noch quälen und mich mit euren Worten verletzen?«* (Hiob 19,2)

Noch etwas fällt auf:

Beobachtung Nr. 2: Trostloser Trost beißt sich an der Schuldfrage fest

Elifas fragt Hiob: *»Kannst du mir nur ein Beispiel nennen, wo ein gerechter Mensch schuldlos zugrunde ging?«* (Hiob 4,7) Bildad, ein anderer Freund, schlägt in die gleiche Kerbe: *»Deine Kinder müssen gegen*

Gott gesündigt haben, darum hat er sie verstoßen und bestraft; sie haben bekommen, was sie verdienten.« (Hiob 8,4)

Schuldzusammenhänge sind in Lebenskrisen durchaus ein Thema. Wenn ich meine beste Freundin hintergangen habe, muss ich mich nicht wundern, wenn sie sich von mir zurückzieht. Aber manchmal übertreiben wir es mit den Schuldzuweisungen. »Man wird doch nicht einfach so krank. Man muss doch im Leben etwas falsch gemacht haben, wenn es einem nicht gut geht, oder?« Wie fühlen Sie sich mit diesen Sätzen? Wir sollten uns diese simple Wenn-dann-Argumentation nicht zu eigen machen. Schuldzuweisungen helfen Betroffenen in der Krise nicht weiter. Hiob selbst beschreibt seine Gefühlslage so: *»Wer so verzweifelt ist wie ich, braucht Freunde, die fest zu ihm halten, selbst wenn er Gott nicht mehr glaubt. Ihr aber enttäuscht mich wie die Flüsse in der Wüste, deren Bett vertrocknet, sobald kein Regen mehr fällt.«* (Hiob 6,14.15)

Gleicht Ihr Beziehungsfeld einem vertrockneten Flussbett oder haben Sie Freunde, die fest zu Ihnen halten? Zum helfenden Verstehen gehört immer die Bereitschaft, auszuhalten, was ich nicht verstehe. Der trostlose Rat sucht immer vorschnell nach Antworten. Wenn der Mutter das Kind wegstirbt, dann wartet sie nicht auf Vorträge, was sie alles hätte besser machen können. Sie wartet auf Menschen, die das Unfassbare mit ihr aushalten. Die schnelle Antwort signalisiert nur: »Ich bin eine ›Last‹, ein ›Problemfall‹, ein ›armer Sünder‹.« Aber jeder Mensch ist mehr als das, er ist ein Mensch mit Geschichte, unvollkommen, aber von Gott ausgestattet mit einer unverwechselbaren Würde. Und deshalb hat jeder Mensch es auch verdient, mit Würde behandelt zu werden.

Und dann noch etwas:

Beobachtung Nr. 3: Trostloser Trost ist taktisch inszeniert, ist gespielte Freundlichkeit

Elifas nähert sich Hiob mit den Worten: *»Durch uns redet Gott dich freundlich an.«* (Hiob 15,11) Elihu brüstet sich vor Hiob: *»Ich spre-*

che mit aufrichtigem Herzen, klar und wahr.« (Hiob 33,3) Interessant ist, wie Gott über die Freundlichkeit und Aufrichtigkeit der Freunde denkt. Am Ende des Hiob-Buches lesen wir: »*Ich bin voller Zorn über dich und deine beiden Freunde, ihr habt nicht die Wahrheit über mich gesagt, so wie mein Knecht Hiob es tat!*« (Hiob 42,7) Nichts tut so weh wie ein freundliches Wort, das aus einem unfreundlichen Herzen kommt.

Hiob hat Erfahrungen mit einem Trost machen müssen, der nicht tröstet, aber er kann trotz allem sagen: »*Ich weiß, dass mein Erlöser lebt.*« (Hiob 19,25) Worin unterscheidet sich der Trost, der nicht tröstet, vom Trost, der trösten kann?

Paulus schreibt an die Korinther: »*Gelobt sei Gott, der Vater unseres Herrn Jesus Christus! Er ist der barmherzige Vater, der Gott, von dem aller Trost kommt! In allen Schwierigkeiten ermutigt er uns und steht uns bei, sodass wir auch andere trösten können, die wegen ihres Glaubens angefeindet werden. Wir ermutigen sie, wie Gott uns ermutigt hat. Weil wir Christus gehören und ihm dienen, müssen wir viel leiden, aber in ebenso reichem Maße erfahren wir auch seine Hilfe. (…) Darum sind wir zuversichtlich und haben keine Angst um euch. Denn ihr werdet zwar leiden müssen wie wir, aber genauso werdet ihr auch Gottes Trost und Ermutigung erfahren wie wir.*« (2. Korinther 1,3–7)

Paulus spricht von einem Trost, der trösten kann. Es gibt keinen Text im Neuen Testament, in dem das Wort Trost häufiger vorkommt als in diesem kurzen Abschnitt. Was ist aber nun das Besondere an dem Trost, von dem Paulus spricht?

Beobachtung Nr. 4: Der Trost, der tröstet, hat einen Namen: Jesus Christus

Gott hat für all unsere Untröstlichkeiten etwas viel Besseres als Trost. Er schenkt sich uns selbst. Er kommt zu uns als Tröster. Überlegen Sie einmal, wann Sie das letzte Mal Trost nötig hatten. Es ist ein Unterschied, ob Sie in so einer Situation ein Trost-Handbuch geschenkt bekommen mit dem Titel »Der Herr trocknet deine Tränen« oder ob ein tröstender Freund zu Ihnen kommt, Sie in den Arm nimmt und die Tränen trocknet. Paulus hat in Christus die Liebe kennengelernt, die tröstet. Christus ist nicht der Trost, der schnell mal vorbeischaut und wieder verschwindet, der Trost, der »ver-tröstet«. Christus begegnet uns vielmehr als Person.

Eine Erklärung für die Herkunft des Wortes Person besagt, dass darin die lateinischen Wörter für »durch« und »Klang« stecken. In einer persönlichen Begegnung »klingen« wir »durch«, werden wir offen und transparent voreinander, ohne taktische Winkelzüge, ohne manipulierende Autorität. Begegnungen, die persönlich werden, haben etwas ungemein Heilendes und Tröstendes.

Beobachtung Nr. 5: Der Trost, der tröstet, kennt die Untröstlichkeiten des Lebens

Christus geht mit uns in die Tiefen der Trostlosigkeit. Im Hebräerbrief (2,17.18) heißt es, dass Christus uns als Mensch in allem gleich geworden ist und uns deshalb in unseren Trostlosigkeiten so gut verstehen kann. Das hat er allen Seelsorgern, die sich um Trost mühen, voraus. Manchmal kommen Menschen mit Fragen zu mir, die mir Mühe bereiten. Manchmal habe ich auch keine Antwort, ich spüre, ich bin überfordert. Was man von mir verlangt, kann ich gar nicht leisten. Kann ich als Seelsorger trösten, wenn ich selbst »nicht ganz bei Trost« bin? Ich kann. Ich kann, weil ich als Tröster nicht von dem lebe, was ich selber in mir trage, sondern ich lebe von dem, was Jesus in unser Herz hineinlegt. Aber um das zu entdecken, muss ich mir meine eigene Bedürftigkeit eingestehen.

Beobachtung Nr. 6: Der Trost, der tröstet, kommt aus der angenommenen Trostlosigkeit

Als Jesus am Kreuz hing, verabschiedete sich auch der Trost für kurze Zeit. Wir kennen seinen Schrei: »*Mein Gott, mein Gott, warum hast du mich verlassen?«* (Matthäus 27,46) Aber Jesus hat die Trostlosigkeit der Passion angenommen: »Nicht mein, dein Wille geschehe.« Und der Trost kam auf geheimnisvolle Weise zurück. Später trat er in das Leben der trostlosen Jünger mit dem Satz: *»Friede sei mit euch!«* (Johannes 20,21)

Paulus sagt: Der Gott allen Trostes will uns trösten, damit wir andere trösten können. Das heißt: Nur der, der zugeben kann, »nicht bei Trost zu sein«, empfängt den göttlichen Trost, der andere trösten kann. Die Christen in Korinth hatten an dieser Stelle ein Problem. Sie wollten nicht »Trübsal blasen«, sie wollten einen starken Apostel, einen starken Gott, der die »Trübsale des Lebens« wegtherapiert. Ich spüre diese Erwartungshaltung auch bei vielen Patienten in der Klinik: »Hier in der Klinik werde ich ein neuer, ein ganz anderer Mensch. Alle Trostlosigkeiten des Lebens – wie weggeblasen!« Aber Paulus setzt dem entgegen: Den Trost, den wir nötig haben, den Trost, der wirklich tröstet, den gibt es nur durch den, der selbst durch Leiden und Tod hindurchgegangen ist. Billiger ist Trost nicht zu haben. Getröstet werden kann letztlich nur, wer den eigenen Trübsalen nicht davonläuft, sondern sich ihnen immer wieder stellt. Niemand kann einem anderen die Tränen trocknen, ohne sich selbst die Hände nass zu machen. Gott erspart uns die Trübsale nicht, so wenig, wie er sie sich selbst in Jesus Christus erspart hat, aber er stellt uns in den Trostlosigkeiten des Lebens einen sicheren Raum zur Verfügung.

Sprachgeschichtlich ist »Trost« mit »trust« verwandt, dem englischen Wort für Vertrauen. Trost schöpft aus dem Vertrauen: Gott trägt das Unerträgliche. Er tröstet nicht mit dem Trost, der schnell mal vorbeischaut und wieder verschwindet. Gott tröstet mit dem Trost, auf den ich vertrauen kann, der mit mir geht in die Tiefen der Trostlosigkeit, der mich auffängt und an einen sicheren Ort bringt. In dem Angebot Gottes liegt eine große Entlastung für alle, die sich nach Trost sehnen. Getröstete Menschen werden gelassener.

Der Prophet Jeremia fasst diese Erfahrung so zusammen: *»Meine Kraft ist geschwunden, und meine Hoffnung auf den Herrn ist dahin. Meine Not ist groß, ich habe keine Heimat mehr. Schon der Gedanke da-*

ran macht mich bitter und krank. Und doch muss ich ständig daran den-
ken und bin vor lauter Grübeln am Boden zerstört. Aber eine Hoffnung
bleibt mir noch, an ihr halte ich trotz allem fest: Die Güte des Herrn hat
kein Ende, sein Erbarmen hört niemals auf.« (Klagelieder 3,18–22)

23. »Das musste mal gesagt werden!«

»Die Menschen ertragen keine Kritik mehr«, sagt Herr H. innerlich erregt. »Ich habe meinem Chef gesagt: ›So geht es nicht mehr weiter. Es muss sich etwas ändern im Betrieb.‹ Er hat mir mit einer Abmahnung gedroht. Immer wieder setze ich mich mit meiner Kritik in die Nesseln. Meine Kollegen ducken sich weg, ich kann das nicht. Ich muss Klartext reden. Aber wenn ich ehrlich bin, hat mir das bisher nur Ärger eingebracht.«

Eines Tages – so erzählt man sich in der Vogelwelt – stellte die Nachtigall das Singen ein. »Die arme Nachtigall«, sagte das Rotkehlchen voller Mitgefühl. »Sie hat immer so schön gesungen und jetzt singt sie nicht mehr. Wahrscheinlich ist sie krank.« – »Was? Krank soll die sein? Dass ich nicht piepe«, fiel ihm der Spatz ins Wort. »Ich sage dir, sie ist nicht krank, faul ist sie.« – »Jawohl, faul ist sie«, legte die Meise gleich nach. Die Nachricht machte schnell in der Vogelwelt die Runde. Auch unsere Nachtigall hörte von dem Gerücht. »Was ist bloß in die gefahren?«, rief sie empört. »Ich bin nicht faul, ich bin krank!« Aber weil sie das abfällige Gerede nicht ertragen konnte, fing sie wieder an zu singen. »Sieh an, die Nachtigall«, meldete sich gleich der Spatz wieder zu Wort. »Sie kann also doch singen. Wenn sie wirklich krank wäre, würde sie jetzt nicht den Schnabel so weit aufreißen.« Der Nachtigall tat das Singen überhaupt nicht gut. Sie pfiff gewissermaßen aus dem letzten Loch. Entkräftet brach sie zusammen und wenig später war sie tot. Und die Meisen steckten sofort die Köpfe zusammen: »Versteht ihr das? Warum hat sie denn gesungen, wenn es ihr so schlecht ging? Wie leichtsinnig. Das musste ja schiefgehen.«

Eine traurige Geschichte. Doch Rufmord gibt es nicht nur in der Vogelwelt. Rufmord gibt es auch mitten unter uns. Wer kennt sie nicht, die beiläufigen Nebenbemerkungen, die harmlos klingen und doch so viel Schaden anrichten?

Da sitze ich in einer Veranstaltung. Der Redner hat in bewegender Weise über die Liebe Gottes gepredigt. Menschen haben Tränen in den Augen. Wenig später höre ich, wie ein Gemeindeverantwortlicher sich bei einem Gemeindeglied beklagt, die Veranstaltung habe wieder einmal eindrucksvoll bewiesen, wie man es auf keinen Fall machen dürfe.

Wir Menschen sind wie ein weißes Blatt Papier, das schwarze Flecken hat. Manche sehen nur schwarz. Sie sehen nicht das Helle zwischen den dunklen Punkten.

Ich denke an eine Geschichte, die die Motive, die eine Rufmordkampagne begleiten, offenlegt und gleichzeitig ein Modell bietet, wie wir mit Rufmord umgehen können: *»Mirjam und Aaron machten Mose Vorwürfe, weil er eine Äthiopierin geheiratet hatte. Sie sagten auch: ›Spricht der Herr etwa nur durch Mose? Hat er nicht auch durch uns geredet?‹ Mose schwieg dazu. Er war ein zurückhaltender Mann, demütiger als alle anderen Menschen auf der Welt. Aber der Herr hatte gehört, was Aaron und Mirjam gesagt hatten. (…) Er rief Aaron und Mirjam, und sie traten vor. Dann wies er sie zurecht: ›Hört, was ich euch sage! (…) Mose ist mein treuer Diener, ihm habe ich mein Volk anvertraut. (…) Wie könnt ihr es da wagen, ihn anzugreifen?‹ (…) Als Aaron sich zu Mirjam umdrehte, war ihre Haut weiß wie Schnee, denn sie war aussätzig geworden! Aaron flehte Mose an: ›Bitte, vergib uns! Wir haben unrecht gehandelt und Schuld auf uns geladen. Aber lass Mirjam nicht wie eine Totgeburt aussehen (…).‹ Da rief Mose zum Herrn: ›O Gott, mach sie bitte wieder gesund!‹ Der Herr antwortete ihm: ›(…) Deshalb soll sie sieben Tage außerhalb des Lagers festgehalten werden. Danach könnt ihr sie wieder bei euch aufnehmen.‹ So musste Mirjam eine Woche außerhalb des Lagers bleiben. In dieser Zeit zog das Volk nicht weiter.«* (4. Mose 12,1–15)

Mose, Mirjam, Aaron – Namen, die frommen Menschen Respekt einflößen. Hätten wir erwartet, dass in so einer Familie schlecht übereinander geredet wird? Wo liegt das Problem? Mirjam und Aaron machten Mose Vorwürfe wegen der Frau, die er geheiratet hatte. Wir wissen nicht genau, was sie an der Frau störte, aber offensichtlich hatte sich Mose mit einer Frauengeschichte angreifbar gemacht. Negative Kritik fällt nicht einfach so vom Himmel. Sie braucht Brennholz, um wie ein Feuer entfacht zu werden, sie braucht die Fehler und Ungeschicklichkeiten, die wir uns leisten.

Beobachtung Nr. 1: Kritiker stören die Fehler anderer

Mose, der große geistliche Leiter, hat keine weiße Weste mehr. Seine Geschwister machen ihm unmissverständlich klar: »Diese Frau, Mose, passt nicht zu einem Mann, wie du es bist. Ein Mann, der so wie du in der Öffentlichkeit steht, muss ein geordnetes Privatleben haben.«

Kritik, die Sinn macht, oder? Darf man den Großen alles durchgehen lassen? Brauchen die nicht auch mal jemanden, der ihnen die Wahrheit sagt? »Reden wir nicht lange um den heißen Brei herum«, sagt der Kollege am Arbeitsplatz. »Die Wahrheit ist doch, du hast ein Alkoholproblem.« – »Das sieht doch jeder«, sagt die Nachbarin zu einer Freundin, »die Kindererziehung läuft dir völlig aus dem Ruder.«

Wer will widersprechen, wenn es um Wahrheit geht? Aber ist das nicht merkwürdig? Gott geht auf die an Mose geübte Kritik nicht ein. War das denn so falsch, was Aaron und Mirjam anmahnten? Ich denke, Gott ist schon empfänglich für Wahrheit, aber er weiß, dass die Dinge nicht immer so einfach sind, wie wir sie gern sähen.

Beobachtung Nr. 2: Kritiker bewegen sich in einem begrenzten Deutungsrahmen

In der Klinik Hohe Mark begleiten manchmal Patienten die Lieder, die während einer Andacht gesungen werden, am Klavier. Ich erinnere mich an eine Frau, die mit ihrer Begleitung nicht ganz im Takt des Liedes war. Die Anwesenden waren irritiert, manche sichtlich verärgert: »Wieso setzt sich diese Frau ans Klavier, wenn sie es nicht richtig kann?« Später erzählte mir die Patientin, dass sie die Noten gar nicht lesen könne, sie habe nur fünf Prozent Sehvermögen. Sie spiele nur nach Gehör. Sie habe sich aber zum Spielen gemeldet, weil sie sich und anderen beweisen wolle, dass ihre Behinderung sie nicht daran hindere, Lieder am Klavier zu begleiten. Was für eine mutige Frau!

Kritiker sehen Fehler, aber sie nehmen die Lebenswirklichkeit derer, die sie beurteilen, nur ausschnitthaft wahr. Häufig deuten wir ein Geschehen auf dem Hintergrund selbst gemachter Erfahrungen.

Stellen Sie sich vor, unser Leben ist ein Haus, in das man durch vier Fenster sehen kann. Kritiker sehen bestenfalls durch zwei dieser vier Fenster. Kritiker wissen etwas vom »offenen Selbst«. Das ist das, was wir offen von uns zeigen und was jeder offen sehen kann; etwa welchen Kleidungsstil wir bevorzugen, ob unsere Haare gekämmt sind oder ob wir im Gottesdienst mitsingen. Aber das offene Selbst gibt noch nicht viel von einem Menschen preis.

Kritiker schauen genauer hin. Sie entdecken an uns Seiten, die wir selbst gern ausblenden. Das ist das »entdeckte Selbst«, das Selbst, das andere sehen, wir selbst aber nicht in den Blick bekommen; zum Beispiel, dass wir schon mal gern übertreiben, wenn wir Urlaubsbilder zeigen, oder dass unsere Zunge mit unseren Mundwinkeln spielt, wenn wir am Schreibtisch sitzen. Aber selbst wenn andere an uns Seiten entdecken, die wir nicht sehen, heißt das nicht, dass sie uns wirklich kennen. Es gibt noch das »versteckte Selbst«, das wir hüten wie einen Schatz, der erste Kuss, der sich irgendwie gar nicht wie ein Kuss anfühlte, oder das peinliche Familiengeheimnis, das keiner kennt. Dieser versteckte Anteil prägt uns mehr, als wir ahnen. Andere bekommen davon allerdings nicht viel mit, sie beschäftigen sich mehr mit den Außenseiten menschlichen Lebens. Und dann gibt es noch das »unbekannte Selbst«, das weder wir noch andere kennen, das im Verborgenen wirkt und so vielen Menschen das Leben verleiden kann.

Es ist gar nicht so einfach, einen Menschen zu verstehen. Kritiker behaupten das zwar immer, aber sie tappen mehr, als ihnen bewusst ist, im Dunkeln. Kritiker haben nicht nur Probleme mit der Fremdwahrnehmung, auch ihre Selbstwahrnehmung ist getrübt.

Beobachtung Nr. 3: Kritiker sind blind für eigenes Fehlverhalten

Sie sehen -- nach einer Gleichnisrede Jesu – den Splitter im Auge des anderen, aber den Balken vor den eigenen Augen sehen sie nicht (Matthäus 7,3). Schauen wir in unsere Mose-Geschichte. Gleich nach Mirjams und Aarons Kritik an seinem Privatleben folgt der verräterische Satz: ›*Spricht der Herr etwa nur durch Mose? Hat er nicht auch durch uns geredet?*‹ Zwischen Mose und seinen Geschwistern gibt es ein Problem: Mirjam und Aaron fühlen sich zurückgesetzt. Es kränkt sie, zu sehen, dass sich alles um Mose dreht. Sie neiden ihm seine Sonderstellung.

Da sitze ich in einer Bibelgesprächsrunde, die ein bibelfester Bruder mit heiligem Eifer leitet. Plötzlich meldet sich ein Teilnehmer zu Wort und sagt: »Wenn man den griechischen Text in Betracht zieht, muss man zu anderen Schlussfolgerungen kommen als gerade dargestellt.« Warum setzt er sich so deutlich von meinem Vorredner ab? Weil es ihm um die theologische Wahrheit geht? Nichts als die Wahrheit?

Machen wir uns nichts vor: Vielleicht geht dem Redner das Oberlehrergetue seines Vorredners auf den Senkel. Vielleicht will er einfach nur, dass er mit seiner Meinung auch mal gehört wird. Vielleicht nervt ihn aber auch, dass die Teilnehmer alles, was gesagt wird, brav abnicken. Wir dürfen das nicht übersehen. Kritiker argumentieren gern mit Sachargumenten, aber bei Kritik geht es niemals nur um die Sache. Es geht immer auch um verdeckte Beziehungsaspekte, zum Beispiel um das Gefühl, übersehen oder nicht ernst genommen zu werden.

Es geht bei Wahrheit nicht nur um das, was wir sagen, sondern auch um das, was wir in Wirklichkeit sind. Es geht um Sein, um Echtheit. Und zur Echtheit gehört, dass wir uns unsere wahren Gefühle eingestehen. Eines fällt jedenfalls in unserer Geschichte auf: Gott nimmt Mose vor seinen Kritikern in Schutz. Offensichtlich beunruhigt ihn das, was er bei Mose sieht, nicht so wie seine Kritiker. Ganz im Gegenteil: Er macht deutlich, wie viel Freude ihm Mose macht. In Moses Leben gibt es noch ganz andere Seiten als diese Frauengeschichte. Warum werden diese Seiten eigentlich nicht von seinen Geschwistern angesprochen? Geht es ihnen letztlich gar nicht um ein faires Urteil? Am Ende geht Gott mit den Kritikern hart ins Gericht. Er verordnet Mirjam eine einwöchige Auszeit.

Beobachtung Nr. 4: Die Kritik fällt auf die Kritiker zurück

Da sitze ich vor einer Frau, die seit vielen Jahren Mitglied einer Gemeinde ist. Sie klagt: »Keines meiner vier Kinder will etwas von Gott wissen.« Später erzählt sie, dass kaum ein Mittagessen verging, an dem nicht Gemeindeglieder im Beisein der Kinder durch den Kakao gezogen wurden. »Und dann wundern Sie sich«, sage ich nur, »dass Ihre Kinder mit so einem Verein nichts zu tun haben wollen?« Wer Menschen schlechtmacht, darf sich nicht wundern, dass unbeteiligte Dritte für schlecht halten, was wir schlechtmachen. Sie übernehmen unsere Vorurteile.

Gott ordnet in unser Leben wie bei Mirjam oft schmerzliche Auszeiten ein, wo wir Zeit haben, über uns und unser Verhalten nachzudenken, wo wir am eigenen Leibe spüren, wie negatives Gerede auf uns selbst zurückfallen kann. Rufmord sorgt – wenn überhaupt – nur vorübergehend für Genugtuung. Dauernörgler schaden am meisten sich selbst. Die meisten tragen den Aussatz des Querulanten. Keiner fühlt sich wohl in ihrer Nähe. Man sperrt sie aus, so wie man Mirjam aussperrte.

Ich denke, Mirjam hat nicht nur durch ihre von Gott verordnete Auszeit gelernt. Sicherlich hat sie auch etwas gelernt von dem, den sie so sehr kritisiert hat. Zwei Dinge imponieren mir an Mose: Er überlässt seine Rehabilitierung ganz Gott. Er lässt sich gar nicht erst auf Grundsatzdiskussionen ein nach dem Motto: »Mirjam, ich bitte dich, so ein schlechter Kerl bin ich doch gar nicht. Jetzt müssen wir mal einiges klarstellen. Also, mit der Frau ist das so und so ...« Die Bibel sagt: »*Der Mann Mose war sehr demütig, mehr als alle Men-*

schen auf Erden.« (4. Mose 12,3) Demut hat nichts mit unterwürfiger Schwäche zu tun. Demut ist der Mut, sich ganz Gott zu überlassen. Wer das kann, der ist dem Urteil der Menschen, das manchmal so wehtun kann, nicht bedingungslos ausgeliefert. Wer weiß, dass er in Gott einen zuverlässigen Fürsprecher hat, der muss sein Recht nicht immer selbst suchen. Wir dürfen uns ganz Gottes Urteil überlassen: »*Wer will die Auserwählten Gottes beschuldigen?*«, fragt Paulus. »*Wer will verdammen? Christus Jesus ist hier, (…) der zur Rechten Gottes ist und für uns eintritt.*« (Römer 8,33.34) Und noch etwas fällt mir an Mose auf. Er kann für den Menschen, der ihm wehgetan hat, beten. Er betet nicht: »Danke, Gott, dass du's ihr gezeigt hast. Dieses Biest von Schwester hat es nicht anders verdient.« Er betet: »*O Gott, mach sie bitte wieder gesund!*«

Der Gründer der methodistischen Kirche, John Wesley, hat in der Entstehungsphase seiner Kirche sechs Grundsätze aufgestellt, wie mit negativer Kritik umzugehen sei: »Wir sind eins geworden, dass wir versprechen, üblen Nachreden von uns kein Gehör zu schenken noch nachzuspüren; dass wir langsam sein wollen im Annehmen böser Gerüchte über jemand aus unserer Mitte; dass wir eine böse Nachrede so schnell wie möglich denjenigen Personen, um die es sich handelt, mitteilen wollen; dass wir, bis dieses geschehen ist, mit keiner Silbe über das Gerücht mit jemand anderem verkehren wollen; dass wir nach solcher Mitteilung mit niemand über die Sache sprechen wollen; dass wir uns keine Ausnahme von dieser Regel erlauben wollen, es sei denn unter der Überzeugung, dass unser Gewissen uns dazu verpflichtet.«

24. »Ich muss beichten, vielleicht geht es mir danach besser«

Herr Z. ist angespannt, als er das Sprechzimmer betritt. »Ich leide unter massiven Schuldgefühlen. In mir ist so viel Sünde. Ich denke gottlose Gedanken. Ich muss beichten, vielleicht geht es mir danach besser.«

Wann haben Sie das letzte Mal gebeichtet? Die Beichte war über viele Jahrhunderte ein wirkungsvolles Instrument kirchlicher Kontrolle. Wer die Beichte versäumte, hatte mit Unannehmlichkeiten zu rechnen. Das änderte sich nach der Reformation. Die Beichte verlor als Instrument der Disziplinierung an Bedeutung. In manchen Kirchen ist sie ganz verschwunden.

Der Schweizer Schriftsteller Max Frisch bedauerte diese Entwicklung: »Ein Katholik hat die Beichte (…). Ich habe bloß meinen Hund.« Max Frisch macht uns auf ein unterschätztes Ritual aufmerksam. Menschen brauchen ein Gegenüber. Menschen brauchen jemanden, dem sie sich anvertrauen können, wenn es ihnen nicht gut geht, bei dem sie loswerden können, was sie belastet. Internetforen und Chatrooms sind die Beichtstühle unserer Tage. Hier kann ich alles sagen. Hier hört man mir zu.

Ich denke an einen Mann, der seinen besten Freund im Auftrag der Stasi bespitzelt hat. »Ich wollte meinen Kindern eine gute Ausbildung ermöglichen. Zu spät wurde mir bewusst, auf was ich mich eingelassen habe«, gesteht er. Wir leben mit der Wirklichkeit des Schuldigwerdens. Schuld belastet, Schuld macht einsam. Nicht immer finden wir in den Ablenkungen des Lebens, im Angebot professioneller Lebenshilfe die Entlastung, nach der wir uns sehnen. Deshalb macht Gott uns das Angebot der Beichte.

Dietrich Bonhoeffer war der Überzeugung: »In der Beichte geschieht der Durchbruch zum neuen Leben. Wo Sünde gehasst, bekannt und vergeben ist, dort ist der Bruch mit der Vergangenheit vollzogen.« In der Beichte erfahre ich, dass ich bedingungslos von

Gott angenommen werde. Die Vergangenheit gibt mich frei. Neues Leben kann beginnen. Viele können sich selbst nicht vergeben, wenn sie einen Fehler gemacht haben. In uns ist ein innerer Richter, der uns anklagt und uns daran hindert, an die Vergebung zu glauben. Die Beichte hilft uns, uns selbst zu vergeben und damit aufzuhören, uns selbst ständig Vorwürfe zu machen. Die Beichte ist ein Raum, in dem die dunklen Seiten des Lebens ans Licht kommen dürfen. Nur wenn wir nichts verbergen, beschönigen und verdrängen, können wir durchbrechen zum eigentlichen Leben, von dem Bonhoeffer spricht. Nicolas Herman, der als Bruder Lorenz im Karmeliterkloster lebte, beschrieb es so: »Habe ich Fehler begangen, so mache ich nichts anderes, als dass ich eingestehe und zu Gott sage: ›Ich werde nie anders handeln, wenn du mich mir selbst überlässt. Du allein kannst verhindern, dass ich falle, und in Ordnung bringen, was anders sein sollte.‹ Danach beunruhige ich mich nicht mehr über das, was ich falsch gemacht habe.«

Hier werden zwei wichtige Wirkungen der Beichte beschrieben. Gott bringt in Ordnung, was anders sein sollte, und ich beunruhige mich nicht mehr über das, was ich falsch gemacht habe. Beides gehört zusammen. Wir lesen in der Bibel: »*Sollte aber doch jemand Schuld auf sich laden, dann tritt einer beim Vater für uns ein, der selbst ohne jede Sünde ist: Jesus Christus. Denn Christus hat unsere Sünden, ja die Sünden der ganzen Welt auf sich genommen; er hat sie gesühnt.*« (1. Johannes 2,1.2) Gott stellt uns jemanden an die Seite, der mit unserer Sünde fertigwird. Das Wort »parakletos«, das Johannes hier wählt, war in der Antike das gebräuchliche griechische Wort für den Rechtsbeistand eines Angeklagten. Gott stellt uns mit Jesus einen Rechtsbeistand zur Seite.

Stellen wir uns das ganz praktisch vor: Eine Gerichtsverhandlung irgendwo; der Staatsanwalt liest die Anklageschrift vor. Vielleicht so: Hat viel versprochen, aber wenig gehalten. Hat viel von Liebe geredet, aber wenig davon gelebt. Hat gewusst, was Gott will, aber das Leben mit Gott hat sich leider nur in seinem Kopf abgespielt. Wir rechnen schon mit dem Schlimmsten. Aber dann tritt unser

Anwalt auf. Er ruft Gott in den Zeugenstand. Und das Blatt wendet sich. Gott nimmt die Strafe auf sich. *»Die Strafe liegt auf ihm, auf dass wir Frieden hätten«,* sagt die Bibel (Jesaja 53,5). Auf diesen Frieden dürfen wir uns berufen – mit und notfalls auch gegen unser Gefühl!

Wir müssen das immer wieder hören: »Gott sagt Ja zu mir!« Dieses Ja ist wichtig für unsere Selbstachtung und Beziehungsfähigkeit. Wir müssen uns im Leben auf etwas verlassen können. Denn nur Verlässlichkeit schafft Vertrauen. Aus dem Vertrauen, das uns von Gott zufließt, wächst das Selbstvertrauen, das so wichtig ist für die Bewältigung des Lebens. Die Beichte ist wie eine Frischzellenkur.

Ich erinnere mich an eine junge Frau, die an ihrem Doppelleben litt. In der Gemeinde spielte sie die Rolle, die erwartet wurde, außerhalb der Gemeinde sah ihr Leben anders aus. Sie hatte chronischen Stress mit ihren Eltern, der eigene Mann war ihr fremd geworden, sie hatte sich auf eine Affäre mit einem anderen eingelassen. Eines Tages sagte sie sich: »Ich will keine Spiele mehr spielen. Ich werde mich nicht länger verstecken. Ich werde erzählen von meinem Alleinsein, meinen Sehnsüchten und Fehltritten.« Und dann öffnete sie sich im Hauskreis ihrer Gemeinde und erzählte mit tränenerstickter Stimme, was alles schiefgelaufen war.

Das Wort Beichte geht auf das althochdeutsche »bi-jiht« zurück, das wiederum vom Verb »jehan« mit der Bedeutung »sagen, bekennen« abgeleitet ist. Der Anklang an unser heutiges Wort »bejahen« weist die Richtung: Indem wir unser Scheitern bejahen, erschließt sich uns die Dimension der Liebe Gottes. Unser Schuldeingeständnis ist nicht als Vorleistung zu verstehen, die wir erbringen müssen, damit Gott uns vergeben kann. Beichte ist Bejahung unserer Erlösungsbedürftigkeit: Wir bejahen, dass wir Gnade und Vergebung nötig haben. Alles andere macht Gott!

Aber nicht jede Beichte bringt Segen! Beichte kann auch missbraucht werden.

Fehlhaltung Nr. 1: Ich beichte,
weil ich einem inneren Zwang folge

Beichtzwang widerspricht dem Grundkonzept christlichen Glaubens. Gott zwingt nicht. Gott lädt ein. In der inzwischen aufgelösten »Colonia Dignidad«, einer pseudochristlichen deutschen Auswanderergruppe in Chile, mussten die Koloniemitglieder regelmäßig bei ihrem Leiter beichten. Das führte zu einer ungesunden psychischen Abhängigkeit, die zudem noch mit einem ausgeklügelten Spitzelsystem aufrechterhalten wurde. Die Koloniemitglieder waren hochgradig verstört und traumatisiert. Wo Beichte zu einem Instrument manipulierender Kontrolle wird, hat sie ihre eigentliche Bedeutung verfehlt. Sie führt in einem solchen Fall nicht in die Freiheit, sondern in pathologische Abhängigkeiten.

Fehlhaltung Nr. 2: Ich beichte, weil ich Schuldgeühle habe

Die Beichte ist nicht immer eine angemessene Reaktion auf Schuldgefühle. Ich denke an die Tochter, die ihre pflegebedürftige Mutter zur Kurzzeitpflege ins Heim gab. »Ich musste einfach mal ausspannen, Urlaub machen.« Als sie aus dem Urlaub zurückkehrte, war die Mutter tot, die Tochter mit den Nerven fertig. »Ich hätte sie nicht alleinlassen dürfen«, klagte sie sich an.

Seelsorge darf sich von den präsentierten Schuldgefühlen nicht beeindrucken lassen. Seelsorge weiß: Zu einer gesunden Selbstachtung gehört immer auch die Fähigkeit, zu unterscheiden, was wir anderen schulden und was nicht. Wir sind nicht für alles verantwortlich. Wir müssen lernen, uns abzugrenzen von den Ansprüchen anderer. Menschen haben häufig eine falsche Vorstellung von dem, was sie Gott, sich selbst und anderen Menschen schulden. Manche suchen die Seelsorge auf, um sich ihr ungenügendes Engagement bestätigen zu lassen. Menschen, die im Seelsorgegespräch ihre Minderwertigkeitsgefühle als Schuldgefühle »beichten«, erfahren selten Linderung.

Das Wort Gottes ist eine heilsame Medizin gegen falsche Schuldgefühle. Unser Heil ist eingewurzelt in den unveränderlichen Zusagen Gottes – nicht in unserer subjektiven Grundbefindlichkeit. Unser Gewissen kann uns nicht mehr verurteilen. »*Auch wenn unser Gewissen uns schuldig spricht, dürfen wir darauf vertrauen, dass Gott barmherziger mit uns ist als wir selbst. Er kennt uns ganz genau*«, sagt Johannes (1. Johannes 3,20).

Fehlhaltung Nr. 3: Ich beichte, weil ich keine Verantwortung für mein Fehlverhalten übernehmen will

Manchmal kommt es vor, dass Menschen um ein Beichtgespräch bitten, die anderes im Sinn haben, als von ihrer Schuld befreit zu werden.

Ich erinnere mich an eine Begegnung mit einem Kollegen, der mich aufsuchte, um »sein Leben zu ordnen«. Unter Tränen bat er Gott um Vergebung für seine Schuld. Er habe viele Fehler gemacht, seine Frau habe ihn verlassen, aber nun plane er einen Neuanfang und bat als Überbrückung um eine kleine Unterstützung. Ich half ihm fürs Erste aus und vereinbarte mit ihm einen neuen Termin. Ich habe diesen Mann nie wiedergesehen. Später erfuhr ich, dass ich einem aktenkundig gewordenen »Beichtschwindler« auf den Leim gegangen war.

Es gibt Menschen, die reden relativ häufig über das, was sie falsch machen. Sie versuchen, mit ihren Schuldgefühlen Eindruck auf ihre Umgebung zu machen. Wie der Psychotherapeut Rudolf Dreikurs sagt, »drücken Schuldgefühle gute Absichten aus, die man nicht hat.« Ich »ent-schuldige« mich sozusagen mit schlechten Gefühlen für die guten Taten, die ich nicht tue. Deswegen müssen wir genauer hinsehen. Es ist ratsam, dem eigentlichen Beichtgespräch eine klärende Aussprache vorausgehen zu lassen. Schuldeinsicht und Reue sind Voraussetzungen für ein gelingendes Beichtgespräch. Nur das Zugeben von Schuld ebnet den Weg zur Vergebung.

Ein eindrucksvolles Beispiel findet sich in den Psalmen. David bekennt: »*Erst wollte ich meine Schuld verheimlichen. Doch davon wurde*

*ich so schwach und elend, dass ich nur noch stöhnen konnte. (…) meine
Lebenskraft vertrocknete wie Wasser in der Sommerhitze.«* (Psalm 32,3.4)
David, der erkennt, dass er sich mit der Leugnung seiner Schuld in
eine Sackgasse hineinmanövriert hat, fährt fort: *»Da endlich gestand
ich dir meine Sünde; mein Unrecht wollte ich nicht länger verschweigen.
Ich sagte: ›Ich will dem Herrn meine Vergehen bekennen!‹ Und wirklich:
Du hast mir meine ganze Schuld vergeben!«* (Psalm 32,5) Die Beichte
hilft, die eigene Schuld nicht wichtiger zu nehmen als Gottes Liebe.
So verliert das, was falschgelaufen ist, seine Macht über uns.

25. »Ich bin allein – und keiner merkt es«

»Seitdem ich nicht mehr so mobil bin, hat sich viel verändert«, sagt die 85-jährige Frau W. »Hin und wieder kommt jemand aus der Gemeinde vorbei, um mich zu besuchen. Aber das ist auch weniger geworden. Manchmal denke ich, ich wache morgens nicht mehr auf und keiner merkt es!«

»Nacht im Hotel« heißt eine Kurzgeschichte von Siegfried Lenz. Darin schildert er einen kleinen Jungen, der jeden Morgen auf dem Weg zur Schule an einem Bahnübergang steht. Er steht vor der geschlossenen Schranke und wartet, bis der Frühzug durch ist. Und immer, wenn der kommt, winkt er, aber noch nie – so erzählt er es später seinem Vater –, noch nie hat einer zurückgewunken.

Ich habe so bei mir gedacht: »Wie traurig. Der arme Junge.« Und dann habe ich weitergedacht: »Vielleicht ist dieser Junge ja gar kein Einzelschicksal.« Der Zug des Lebens fährt an uns vorbei. Mit ihm Hunderte von Menschen. Wir versuchen, Kontakt aufzunehmen, aber irgendwie ist da etwas, etwas, was zwischen uns und den anderen steht. Wir finden sie überall – die geschlossenen Schranken, die Schranken, die Menschen von Menschen trennen. Wir finden sie in der U-Bahn, wo wir mit anderen in eine Richtung fahren und doch aneinander vorbeisehen. Wir finden sie am Arbeitsplatz, wo wir jeden Tag denselben Kollegen begegnen, aber über belanglose Oberflächlichkeiten nicht hinauskommen. Wir finden sie in unseren Familien, wo wir Menschen um uns haben, die uns vertraut sind. Wir kennen sie, sie kennen uns und doch fühlen wir uns zu Hause nicht immer richtig daheim.

Ist das nicht eigenartig? Wir haben täglich mit Menschen zu tun und doch ist da so eine Schranke, die Menschen von Menschen trennt. Vielleicht ist das eine der traurigsten Wahrheiten, die uns das Leben lehrt: Wir bleiben viel häufiger mit uns allein, als wir das gewöhnlich wollen.

Schranken, die Menschen von Menschen trennen, gab es schon zur Zeit Jesu. Johannes erzählt uns folgende Geschichte: »*Bald darauf wurde eines der jüdischen Feste gefeiert, und auch Jesus ging dazu nach Jerusalem. In der Stadt befindet sich nicht weit vom Schaftor entfernt der Teich Betesda, wie er auf Hebräisch genannt wird. Er ist von fünf Säulenhallen umgeben. Viele Kranke lagen in diesen Hallen – Blinde, Gelähmte und Verkrüppelte. Einer von den Menschen, die dort lagen, war schon seit 38 Jahren krank. Als Jesus ihn sah und erfuhr, dass er schon so lange an seiner Krankheit litt, fragte er ihn: ›Willst du gesund werden?‹ – ›Ach, Herr‹, entgegnete der Kranke, ›ich habe niemanden, der mir in den Teich hilft, wenn sich das Wasser bewegt. Versuche ich es aber allein, ist immer ein anderer schneller als ich.‹ Da forderte ihn Jesus auf: ›Steh auf, nimm deine Matte und geh!‹ Im selben Augenblick war der Mann geheilt. Er rollte seine Matte zusammen und ging seines Weges. Das geschah an einem Sabbat. Einige führende Juden, die den Geheilten sahen, hielten ihm vor: ›Heute ist doch Sabbat! Da darf man keine Matte tragen!‹ – ›Aber der Mann, der mich heilte, hat es mir ausdrücklich befohlen‹, antwortete er ihnen. ›Wer war das? Wer hat dir so etwas befohlen?‹, fragten sie nun. Doch das wusste der Mann nicht, denn Jesus hatte den Teich wegen der großen Menschenmenge bereits wieder unbemerkt verlassen. Später traf Jesus den Geheilten im Tempel und sagte zu ihm: ›Du bist jetzt endlich gesund. Sündige nicht mehr, damit du nicht etwas Schlimmeres als deine Krankheit erlebst!‹*« (Johannes 5,1–14)

Der Kranke klagt: »Ich habe keinen, der mir hilft!« Ja, wo sind eigentlich seine Freunde, seine Familie? Vielleicht haben sie ihn hin und wieder besucht, ihm Mut gemacht, auf die Schultern geklopft, aber 38 Jahre – wer hält das so lange durch? Wir kennen das doch. Am Anfang interessieren sich die Menschen für uns, unsere Sorgen, unsere Krankheit. Wir hoffen auf Besserung, wünschen alles Gute, aber dann bleibt die Besserung aus. Es geht nicht richtig voran. Vielleicht sagen wir noch: »Und – wie geht es dir?« Aber mal ehrlich: Wollen wir wirklich eine Antwort? Warum fallen uns auf einmal Termine ein, die auf uns warten, wenn Menschen anfangen zu erzählen? Wer will die immer gleichen Geschichten hören?

Wo sind die Verständnisvollen unter den Kranken? Der Kranke ist in der Geschichte, die Jesus erzählt, nicht allein. Er teilt sein Schicksal mit anderen Kranken. Man müsste ihm nur ein bisschen unter die Arme zu greifen. Aber von Erbarmen keine Spur. Jeder ist sich selbst der Nächste. Alles, was laufen kann, stürzt zum Wasser, wenn die Wellen kommen. Nächstenliebe ist schon okay, aber bitte nicht so, dass ich den Kürzeren ziehe! Kennen Sie das auch – dieses Gefühl: Andere waren wieder einmal schneller, hatten die besseren Beziehungen, stehen auf der Wichtigkeitsskala weiter oben? Am Ende ist sich jeder selbst der Nächste. Am Ende muss ich sehen, wo ich bleibe. Wie es aussieht – wieder mal ganz hinten!

Und die Frommen? Wo sind eigentlich die, die die Sehnsucht der Kranken kennen müssten, die in ihren Veranstaltungen von Liebe und sozialer Verantwortung reden? Sie sind beschäftigt. Sie feiern in der Nachbarschaft ein Fest. Ein frommes Fest. Seltsam. Da gibt es in Jerusalem Betesda, wörtlich übersetzt »Haus der Barmherzigkeit«, aber die Menschen, die ein Herz für die Armen haben, sind nicht da. Das Elend bleibt unter sich. Ist das nicht traurig? Ja, das ist traurig, aber vielleicht sind wir gar nicht so sehr überrascht. Vielleicht ist der Mann am Teich Betesda bereits mitten unter uns. Immer wieder hören wir Sätze wie: »Ich habe keinen, der mir hilft. Ich fühle mich so abgeschnitten, so isoliert. Freunde haben mich aufgegeben, Familienangehörige links liegen gelassen.« Und die christlichen Schwestern und Brüder? »Die sind viel zu beschäftigt, die haben keine Zeit, um sich um so einen wie mich zu kümmern.« Warten wir nicht allzu oft vergeblich auf den einen Menschen, der Anteil nimmt an unserem Ergehen?

In der Geschichte, die Johannes erzählt, gibt es einen, der nicht an dem Elend vorbeigeht, der sich um den einen kümmert, der 38 Jahre lang abgeschrieben war. Ich habe mich gefragt, was den Unterschied macht. Was macht dieser Jesus eigentlich anders als so viele Menschen, die wir kennen?

Beobachtung Nr. 1: Jesus sieht mit anderen Augen als wir

Am Teich Betesda befinden sich viele Krüppel, Lahme und Blinde. Hilfe könnten alle gut gebrauchen. Warum sieht Jesus gerade diesen einen? Warum nicht die anderen? Jesus sieht nicht, wie wir sehen. Wie sehen wir denn? Da lächelt jemand und ist gut aufgelegt und wir denken: »Das ist aber ein fröhlicher Mensch.« Aber ist er das wirklich? Da jammert jemand, ist untröstlich. Nichts geht mehr. Aber geht wirklich nichts mehr? Wir sehen oft nur das, was andere offen von sich zeigen. Vielleicht sehen einige von uns noch ein bisschen mehr. Dass die Arbeit nicht nur ausfüllt, sondern müde macht; dass hinter der erfahrenen Enttäuschung immer noch ein Mensch zu finden ist, der leben will. Aber bedeutet das schon, den Menschen so zu sehen, wie er wirklich ist?

In der Bibel heißt es immer wieder: Jesus wusste, was im Menschen war. Jesus weiß, was wirklich los ist mit uns. Jesus sieht tiefer. Jesus sieht das, was andere in uns verkennen: unsere verschütteten Potenziale, unseren Lebenshunger, unsere Bereitschaft, Neues zu wagen. Jesus sieht aber auch das, was wir gern vor anderen verstecken: die Leere und Sinnlosigkeit, die inneren Verletzungen, die gescheiterten Lebensentwürfe. Und Jesus sieht, was wir mit Kalkül in die Auslagen des Lebens legen: die Krankheiten, die wir präsentieren, um Verantwortung aus dem Weg zu gehen; die Hilflosigkeit, die wir wählen, um andere an die Kette zu legen; die Unpässlichkeiten, die wir einsetzen, um Denkzettel zu verteilen. Wir wissen nicht, was Jesus im Kranken am Teich Betesda gesehen hat, aber es ist offensichtlich, dass dieser eine unter all den anderen seine Aufmerksamkeit weckte. Jesus wusste: Dieser eine brauchte jetzt seine Hilfe, kein anderer.

Beobachtung Nr. 2: Jesus interessieren die Motive des Kranken

Er fragt ihn: »Willst du gesund werden?« Vielleicht denken wir jetzt: »Eine überflüssigere Frage kann man einem Kranken kaum stellen.

Das ist doch klar, dass der Kranke gesund werden will. Wenn einer so lange nicht auf die Beine kommt, was kann man sich da sehnlicher wünschen als Gesundheit?« Vorsicht! So dumm ist die Frage, die Jesus stellt, gar nicht. Gesund – das ist richtig – wollen die meisten Kranken sein. Aber wollen sie es auch werden? Jesus tastet sich mit seiner Frage in die Tiefenschichten eines Menschen vor. Gesundheit fällt nicht vom Himmel. Wer gesund werden will, der muss Veränderungen zulassen, der muss bereit sein, Schritte in ein neues Leben zu gehen, der muss lernen, sich den Anforderungen des Lebens zu stellen. Es klingt verrückt: Gesund sein wollen die Kranken schon, aber nicht jeder ist bereit, die notwendigen Schritte zu gehen, die Veränderungen erfordern.

Da klagt eine alleinerziehende Mutter: »Meine Tochter tanzt mir auf der Nase herum. Sie hält sich nicht an Regeln, sie kommt und geht, wann sie will, sie übernimmt keine Verantwortung.« Die Tochter entgegnet ganz cool: »Gut, dann ziehe ich eben zu meinem Freund.« Das aber will die Mutter auf keinen Fall. Denn im Grunde genommen braucht sie die Tochter als emotionales Gegenüber. Sie sitzt in der Falle. Sie braucht die Nähe eines Menschen, der ihr auf der Nase herumtanzt. Eigentlich müsste sie loslassen, aber will sie das wirklich? Viele Menschen kennen das Problem: Sie wollen Veränderung, sind aber nicht bereit, den Preis zu zahlen, den Veränderungen mit sich bringen.

Beobachtung Nr. 3: Jesus testet die Bereitschaft zur Verhaltensänderung

Jesus sagt: »*Steh auf, nimm deine Matte und geh.*« Mal ehrlich: Sieht so einfühlsame Seelsorge aus? Wie muss sich jemand fühlen, der 38 Jahre vergeblich versucht hat aufzustehen und dann gesagt bekommt: »*Steh auf!*«? Vielleicht leiden Sie unter einer Angststörung. Sie überfällt Panik, wenn Sie in einen Zug steigen. Und jetzt kommt Ihr Therapeut und sagt: »Ich möchte gern, dass Sie mit der U-Bahn nach Frankfurt fahren.« Ist eine solche Aufforderung nicht unverschämt? Sie wenden sich doch an einen erfahrenen Therapeuten, weil Sie gerade das nicht können. Aber glauben Sie mir: Therapeuten wissen in der Regel schon, was sie tun. Jede Vermeidung verstärkt das Angstgefühl, deshalb ist es keine gute Idee, U-Bahnen grundsätzlich zu meiden. Auch Jesus weiß, was er tut. Und es ist interessant: Der Kranke in unserer Geschichte denkt nicht: »›Steh auf und geh!‹ Einen blöderen Spruch habe ich ja noch nie gehört! Da macht sich jemand auf meine Kosten lustig.« Er tut einfach, was Jesus ihm sagt, und tatsächlich: Er kommt wieder auf die Beine.

Manche können schneller auf die Beine kommen, als sie uns glauben machen. Ich habe immer wieder Anrufe von Menschen bekommen, die in großer Not waren. Sie flehten: »Kommen Sie bitte schnell, Sie müssen mir unbedingt helfen!« Oft fragte ich dann zurück: »Sind Sie noch mobil? Können Sie noch gehen und fahren? Ja? Gut, dann treffen wir uns zu einer bestimmten Zeit an einem bestimmten Ort.« Den Ort wählte ich so aus, dass der Ratsuchende nur einen geringen Aufwand auf sich nehmen musste, um mit mir zusammenzukommen. Ich habe die Erfahrung gemacht: Wer wirklich Hilfe im Sinne von Veränderung wollte, der kam. Wer weniger wollte, der kam in der Regel nicht.

Hilfe ist erst möglich, wenn der Hilfsbedürftige bereit ist »aufzustehen«, das heißt, sich auf ein Wagnis einzulassen, etwas zu investieren. Helfen ist gut, aber noch besser ist, so zu helfen, dass der Hilfsbedürftige nach unserer Hilfe anders leben kann als vorher. Und das geht nur, wenn er Verantwortung für sein Leben übernimmt. Wir können Lebensverantwortung nicht delegieren – nicht an die Mutter, nicht an den Therapeuten und auch nicht an den lieben Gott.

Verantwortung für ihr eigenes Leben zu übernehmen fällt vielen Menschen schwer. Viele sind gelähmt durch negative Beziehungserfahrungen, gefangen in destruktiven Selbstabwertungen. »Betesda-Menschen« brauchen ein Beziehungsfeld, in dem sie sich als wertvoll und gewollt erleben. Wir wissen das: »Aufstehen« fällt leichter, wenn da jemand ist, der an mich glaubt, mir was zutraut – wie Jesus in unserer Geschichte. Aber aufstehen muss ich selber.

Beobachtung Nr. 4: Jesus will mehr als »Gesundung«

Der Kranke kann wieder laufen, aber damit ist die Geschichte noch nicht zu Ende. Das Happy End ist nur vordergründig. Als Jesus ihn später im Tempel trifft, ermahnt er ihn, nicht mehr zu sündigen, damit nicht Schlimmeres als das, was war, über ihn komme.

Gesundheit ist wichtig, aber Gesundheit ist nicht alles. Jesus interessiert sich nicht nur für unsere körperlichen Beschwerden. Er macht deutlich: Man kann äußerlich gesund werden, ohne wirklich geheilt zu sein. Er spricht Verhaltensweisen im Leben des Mannes an, mit denen er sich und anderen geschadet hat. Wir wissen nicht, was Jesus hier konkret meint. Und wir sollten uns hüten, so zu tun, als wüssten wir immer, was beim anderen nicht in Ordnung ist. Was wir wissen, ist: Bestimmte Lebenshaltungen nehmen Einfluss auf unsere körperliche Befindlichkeit: Überehrgeizige leiden an Bluthochdruck. Rachelustige kämpfen mit Magengeschwüren. Verbitterte Menschen erkranken an Nierensteinen. Menschen, die sich loslassen wollen, werden heimgesucht von körperlichen Lähmungserscheinungen.

Mir ist der Fall eines Mannes bekannt, der nicht mehr laufen konnte, nachdem man ihm die Abteilungsleitung entzogen hatte. Kein Arzt konnte ihm helfen. Als die Firmenleitung ihm später mitteilen ließ, die Entscheidung, ihn von der Verantwortung zu entbinden, sei überstürzt gewesen, geschah ein Wunder. Der Mann konnte wieder laufen.

Für Jesus gehören Leibsorge und Seelsorge zusammen. Er hat immer den ganzen Menschen im Blick. Ein Mensch, der von einem körperlichen Leiden geheilt worden ist, ist noch lange nicht heil in seiner Persönlichkeit. Es ist wichtig, dass verborgene und verdrängte Anteile ans Licht kommen. Der Ehrgeiz, der uns auffrisst. Der Neid, der uns bitter macht. Die Habgier, die keine Grenzen kennt. Deshalb schließt seelsorgerliches Helfen immer auch die gute Nachricht mit ein: »Gott liebt dich und möchte neu mit dir beginnen. Du darfst Heilung erleben an Geist, Seele und Leib.«

Helfen ist nicht gleich Helfen. Jesus hilft, indem er hinter die Fassaden sieht. Jesus hilft, indem er sich mit den Motiven des Hilfe-suchenden beschäftigt. Jesus hilft, indem er die Veränderungsbereit-schaft des Hilfesuchenden testet. Jesus hilft, indem er sich für den ganzen Menschen interessiert. Das lösende seelsorgerliche Wort und die helfende Hand – beides gehört zusammen.

Erinnern wir uns noch an den Jungen am Bahnübergang? Die Ge-schichte geht weiter. Der Vater will dem Jungen eine Freude machen. Er fährt in die Stadt, um am anderen Morgen den Zug zu besteigen-gen, der den Schulweg seines Jungen kreuzt. Im Hotel, in dem er übernachtet, trifft er einen alten Mann, der auf Krücken geht. Er er-zählt ihm die traurige Geschichte seines Jungen. Es wird spät. Und so kommt, was kommen muss: Am anderen Morgen wacht der Vater zu spät auf und verpasst den Frühzug, den er nehmen wollte. Niederge-schlagen kehrt er nach Hause zurück. Dort empfängt ihn sein Junge freudestrahlend. »Stell dir vor, Papa, heute, heute hat einer zurück-gewunken.« – »Tatsächlich?«, erwidert der Vater überrascht. »Ja, mit einer Krücke. Und zuletzt hat er sein Taschentuch an den Stock ge-bunden und ihn so lange aus dem Fenster gehalten, bis ich ihn nicht mehr sehen konnte.« In den »Betesda-Hallen« des Lebens warten viele Menschen auf Hilfe. Helfen kann so einfach sein. Ich wünsche uns die Fantasie des alten Mannes mit der Krücke, die Schranken, die Menschen von Menschen trennen, überwindet.

Nachwort

Was ist eigentlich Heilung? Und wann ist man gesund? Wenn die Relativierung des Lebens aufgehoben, die Normalität wiederhergestellt wird? Ist dann alles gut? Aber was ist normal? Bin ich noch normal, wenn ich anhaltend niedergeschlagen bin, unerwartet schnell aufbrause, unangenehmen Menschen aus dem Weg gehe, mich an keinen Partner binden kann? Jedem Urteil über Normalität liegt ein Konzept von Normalität zugrunde.

H. G. Wells erzählt in seiner Kurzgeschichte »The Country of the Blind« von einem sehenden jungen Mann, der einen Stamm entdeckt, in dem alle Menschen unter angeborener Blindheit leiden. Dass er sehen kann, wird von dem Stamm als Krankheit betrachtet. Als er sich in ein blindes Mädchen verliebt, macht die Umgebung ihm klar, dass er sie erst heiraten darf, wenn er auf seine Sehkraft verzichtet. Hinter diesem Verständnis von Normalität steht die Auffassung, dass es letztlich keine objektiv gültigen Wertmaßstäbe gibt für das, was gesund oder krank ist. Normalität ist eine Anpassungsleistung. Normal bin ich, wenn ich den Grundüberzeugungen einer Mehrheit entspreche.

Die Mehrheit unserer Gesellschaft empfindet ein Verhalten, in dem bestimmte Grade von Auffälligkeit überschritten werden, ein bestimmtes Niveau an Funktionalität nicht erreicht wird, als unnormal. Aber ist nur der Mensch normal, der die Grundüberzeugungen einer Mehrheit vertritt, der funktioniert, wie andere funktionieren?

Ninni Holmqvist beschreibt in ihrem Roman »Die Entbehrlichen« eine Gesellschaft, in der alle über 50-jährigen Kinderlosen gemäß Parlamentsbeschluss ausgelagert werden, um in angenehm abgeschiedener Atmosphäre möglichst bald abzutreten. Als Organspender geben sie als Menschen, die entbehrlich geworden sind, der Gesellschaft etwas zurück. Ist das normal?

Krankheitsdiagnosen orientieren sich an Manualen, in denen abnormale Phänomene beschrieben und klassifiziert werden. Das ist sinnvoll. Aber Vorsicht! Nicht immer sinnvoll ist es, das Skurrile, das

Außergewöhnliche in einem Menschen zu pathologisieren. Franz von Assisi redete mit Vögeln, er hörte Stimmen, die ihm Befehle erteilten, er stellte sich auf einen öffentlichen Platz und entledigte sich seiner Kleider. War dieser Mann »nicht mehr normal«? Wenn nur der normale Mensch der eigentliche Mensch ist, was ist dann der Mensch, der als psychisch krank diagnostiziert wird?

Das Buch »Herbstgrün« möchte den Horizont weiten. Ein Kranker ist nicht weniger Mensch als ein Gesunder, er ist anders Mensch. Oft wirken die »Herbsterfahrungen« eines gebrochenen Lebens auf geheimnisvolle Weise mit dem »Grün« eines aufbrechenden Lebens zusammen. Krankheit kann Leben behindern, muss Leben aber nicht verhindern.

Demosthenes gilt als größter Redner der Antike. Er litt ursprünglich unter einer schweren Sprachbehinderung. Er therapierte sich, indem er mit Steinen im Mund die Meeresbrandung zu übertönen versuchte. Ludwig van Beethoven komponierte Sinfonien, obwohl er an einem Gehörleiden erkrankt war, das schließlich zur Taubheit führte. Milton Erickson war einer der genialsten Psychotherapeuten des 20. Jahrhunderts, er kämpfte sein ganzes Leben mit den Folgen einer Kinderlähmung. Muskelschwund und multiple Schmerzzustände zwangen ihn in den Rollstuhl. Im Rollstuhl lernte er, Menschen genau zu beobachten und Schlüsse zu ziehen.

Der Theologe Anton T. Boisen erlebte als Psychiatriepatient die Hilflosigkeit seelsorgerlichen Handelns. Nach seinem Klinikaufenthalt entwickelte er ein an Carl Rogers angelehntes Clinical Pastoral Training (CPT), das heute noch in der klinischen Seelsorgeausbildung für Theologen Anwendung findet.

Leben ist immer verletzbares Leben. In der Klinik Hohe Mark kam es einmal zu einer außergewöhnlichen Begegnung. Eine Patientin traf im Klinikpark die Hausärztin, die sie in die Klinik eingewiesen hatte. Die Hausärztin war inzwischen selbst Patientin der Klinik. Nach einem Moment der Verunsicherung kamen sich beide näher. Sie erlebten, dass sie sich etwas zu geben hatten. Die Patientin war angetan von der Offenheit, mit der sich die Ärztin als verwundbare Person präsentierte. Die erkrankte Hausärztin war froh, ihre professionelle Rolle ablegen zu dürfen und einem Menschen zu begegnen, von dem sie sich verstanden fühlte. Geteiltes Leid ist halbes Leid.

Jörg Zink hat einmal gesagt: »Niemand sollte sich daran hindern lassen, einem Menschen zu raten, ihm einen Weg zu zeigen oder von der Liebe Gottes zu sprechen, nur weil er für sich selbst keinen Rat weiß, keine Hilfe sieht, keinen Weg findet oder keine Stimme hört, die ihm von Gottes Liebe sagt. Denn immer wird es so sein, dass er, indem er einem anderen hilft, seinem eigenen Geschick neu begegnet und entdeckt, dass seine eigene Last nicht leichter, aber seine Kraft größer geworden ist.«

Die »Herbsterfahrungen des Lebens« müssen nicht zwingend zu einer Verarmung des Lebens führen. Auch wenn die Lasten, die zu tragen sind, nicht leichter werden, darf die Lebenskraft wachsen. »*Gott gibt (…) Stärke genug dem Unvermögenden*«. (Jesaja 40,29) Die Psychologie nennt die Fähigkeit, trotz widriger Umstände immer wieder aufzustehen, Resilienz. Resiliente Menschen sind in der Lage, ihren Albtraum in Stärke zu verwandeln.

Philipp Friedrich Hiller verlor als Pfarrer seine Stimme. Deshalb fing er an, Liedtexte zu schreiben. Bekannte Choräle wie »Jesus Christus herrscht als König« oder »Mir ist Erbarmung widerfahren« entstanden so. In dem Lied »Die ihr bei Jesus bleibet« spricht er über seine Erfahrungen mit der »herbstgrünen« Lebenswirklichkeit: »Wenn wir von Tag zu Tagen, was da ist, überschlagen und rechnen dann die Menge, so sind wir im Gedränge. Doch wenn wir mit Vertrauen ihm auf die Hände schauen, so nähret allerwegen uns ein geheimer Segen. Wie dieses mag geschehen, das kann man nicht verstehen; allein man sieht am Ende: Es ging durch Gottes Hände.«

Das Buch »Herbstgrün« erzählt vom »geheimen Segen«, der Menschen in den Krisen des Lebens begleiten kann. Das »Gedränge« hält diesen Segen nicht auf. Kein Kaktus hat so viele Stacheln, dass nicht noch Platz für eine Blüte wäre. Wenn sich das »blühende Leben« in den Herbststürmen des Lebens verabschieden will, dann dürfen wir wissen: Es ist immer noch Platz für neues, aufkeimendes Leben.

Bibelstellenregister

Die Angaben beziehen sich auf die Kapitelzählung des Buches.